— - 40

_ :º 114.

(Remplaçant)

RAPPORT

FAIT AU COMITÉ

DE RECHERCHES

DE LA MUNICIPALITÉ DE PARIS,

PAR JEAN-PHILIPPE GARRAN,

L'UN DE SES MEMBRES;

Suivi des Pièces justificatives , et de l'Arrêté du Comité , tendant à dénoncer MM. Maillebois , Bonne-Savardin et Guignard St. Priest.

A PARIS.

JUILLET 1790.

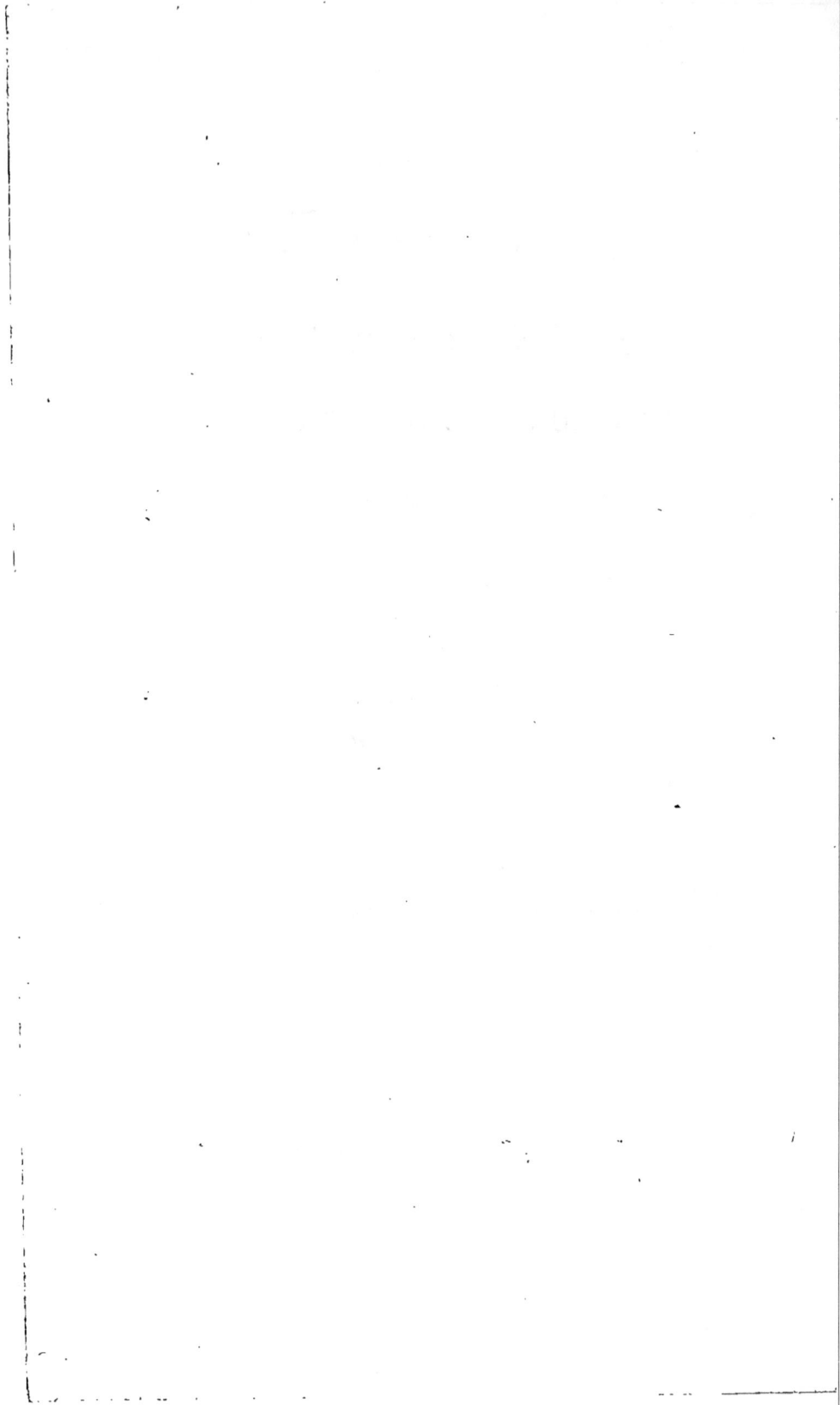

ARRÊTÉ

DU COMITÉ DE RECHERCHES,

Qui ordonne l'impression des Pièces ci - après.

LE comité de recherches de la municipalité de Paris, convaincu qu'il doit compte, non-seulement à la commune de cette capitale, mais encore à la société entière, de ses opérations et des motifs qui les ont déterminées ; qu'il est juste que tous les citoyens soient instruits des objets qui les intéressent tous ; que c'est le seul moyen de mettre le public en état de prononcer ces jugemens suprêmes auxquels tout le monde est soumis, sans en excepter les tribunaux, a arrêté que le rapport à lui fait par M. Garran, l'un de ses membres, dans l'affaire de M. Maillebois et autres, les pièces justificatives de ce rapport , et l'avis du comité tendant à dénonciation , seront imprimés pour être distribués en très-grand nombre : donne pouvoir à M. Agier de joindre aux pièces justificatives les éclaircissemens nécessaires , lesquels seront présentés à l'approbation du comité.

Fait audit comité , le 9 juillet 1790.

Signés , AGIER , PERRON , OUDART, J. PH. GARRAN, J. P. BRISSOT.

RAPPORT

FAIT au Comité de Recherches de la Municipalité de Paris, dans l'affaire de MM. Maillebois, Bonne-Savardin, et autres, etc.

Vous connoissez déjà si bien, Messieurs, l'affaire importante dont vous m'avez chargé de vous rendre compte, vous l'avez déjà si bien examinée sous ses divers points de vue, soit dans ce comité, soit dans les différentes conférences que vous avez eues avec le comité des recherches de l'assemblée nationale, que ce rapport seroit entièrement inutile, si vous n'aviez pas cru nécessaire de rassembler, sous un seul coup d'œil, tous les objets qu'elle embrasse, avant de prendre une détermination définitive.

Pour remplir vos intentions, je vais d'abord vous remettre sous les yeux les principaux renseignemens qui vous ont été donnés sur les faits, et qui constatent le corps de délit, afin de vous mettre ensuite à portée de juger si, parmi les personnes qui paroissent compromises dans cette affaire, il y en a qui

A

doivent étre dénoncées nommément , et quelles sont ces personnes.

Preuves recueillies par le comité, qui cons-tatent une nouvelle conspiration contre l'état.

C'est vers la fin de mars dernier qu'on vous donna les premières indications du projet de contre-révolution formé par M. Maillebois, et qu'on vous annonça les ren-seignemens que M. Massot-Grand'Maison, qui avoit été son secrétaire jusqu'alors, vous fourniroit à cet égard. Peu de temps après, un membre de l'assemblée nationale adressa au comité des recherches de cette assem-blée , des avis, venant de Turin, qui l'ins-truisoient du même projet de conspiration , avec des détails conformes, dans les points essentiels, à ceux que nous avoit donnés M. Massot-Grand'Maison. Mais vous aviez eu, bien long-temps auparavant, des indi-cations vagues d'un plan de cette espèce, et vous aviez même, dès le mois de décembre dernier, envoyé à Turin un citoyen plein de zèle, pour acquérir de nouvelles lumières sur les lieux.

Quoique son voyage ne vous ait rien
appris d'important, et qu'il paroisse même
qu'on nous eût tendu un piège, en nous
promettant des instructions qu'on ne pouvoit
pas nous donner, il n'en est pas moins vrai
que des ennemis de la révolution, que nous
ne connoissions pas, formoient dès-lors le
projet que vous vous proposez de dénoncer.

Vous aviez invité à passer au comité, le
5 du même mois, M. Bonne-Savardin, qui,
logeant à l'Arsenal, et ayant servi dans l'armée rassemblée autour de Paris au mois de
juillet précédent, sous les ordres de M. le
maréchal Broglie, vous avoit été indiqué
comme pouvant vous donner des renseignemens sur l'armée de M. Broglie, et sur
les préparatifs de guerre qui s'étoient faits
à la Bastille. Il déclara ne rien savoir; et,
par cette raison, vous ne dressâtes aucun
acte de sa comparution. Mais, avant de venir
au comité, il avoit cru devoir prévenir de
l'invitation que vous lui aviez faite, une personne considérable, avec laquelle il eut une
conversation très-importante sur les moyens
d'opérer une contre-révolution, et à qui il
rendit compte, dès le lendemain, de la visite
qu'il avoit faite au comité.

M. Maillebois étoit alors à Thury, maison de campagne de M. Cassini. M. Bonne-Savardin lui annonça d'abord, par une lettre, le récit de cet entretien, qu'il mit ensuite par écrit, en déguisant, sous des noms convenus, cette personne considérable, et toutes les autres dont il étoit question dans son récit.

Il finit en rendant compte, à sa manière, de ce qui s'étoit passé au comité, lors de la comparution qu'il y avoit faite.

On voit entr'autres choses, dans ce récit, qui nous a été remis en original, que M. Bonne-Savardin sentant la nécessité d'avoir des troupes, qu'on pût opposer à la garde nationale, proposoit, pour les commander, M. Maillebois, et qu'il auroit désiré qu'on *se débarrassât* de notre commandant-général (1).

Ce récit et la lettre qui l'annonce, sont les seules pièces qui nous soient parvenues de la correspondance que M. Bonne-Savardin a eue avec M. Maillebois, antérieurement aux avis qui nous ont été donnés de

_____

(1) Voyez les pièces justificatives, n°. 1er.

leur projet au mois de mars dernier. Mais on voit dans le livre journal, que M. Bonne-Savardin portoit avec lui, que, depuis la révolution, il alloit perpétuellement voir M. Maillebois, soit à Paris, soit à Thury. Il alloit, aussi de temps à autre, chez M. l'ambassadeur de Sardaigne, où il ne paroît pas qu'il allât précédemment, suivant ce livre journal, qui commence au premier février 1788; et presque jamais il ne manquoit de passer chez M. Maillebois, soit avant d'aller chez M. l'ambassadeur de Sardaigne, soit en revenant (1).

C'est ainsi qu'on disposoit le plan de la conspiration dont M. Maillebois devoit diriger l'exécution, et que M. Bonne-Savardin devoit négocier à la cour de Turin. Suivant ce plan, dont M. Massot-Grand'Maison a instruit le comité, et qu'on adressoit à M. d'Artois (2), on proposoit au roi de Sardaigne de fournir 25000 hommes, une somme de 6 à 7 millions, ou tout au moins son cautionnement. On desiroit que M. d'Artois engageât l'Espagne à entrer dans le projet, soit en

(1) Voyez les pièces justificatives, n°. 1er.
(2) Voyez les pièces justificatives, n°. 1er.

fournissant des troupes, ou en faisant une avance de 8 millions.

On paroissoit sûr que le duc des Deux-Ponts, le margrave de Baden, le landgrave de Hesse appuieroient de toutes leurs forces le projet, parce qu'ils étoient décidés à soutenir *leurs droits* en Alsace.

Cette confédération formée, on devoit fabriquer un manifeste dans le cabinet du prince, dont MM. Mounier et Lally-Tolendal auroient été les rédacteurs, et qui devoit être fondé sur la déclaration lue à la séance royale du 23 juin 1789.

Ce manifeste, après avoir été revu par M. Maillebois, devoit être publié avant d'entrer en campagne. On devoit la commencer en marchant vers Lyon, qu'on espéroit gagner par les privilèges qu'on accorderoit à son commerce. On dirigeroit un autre corps d'armée par le Brabant, un autre par la Lorraine. On comptoit grossir ces armées, par tous les hommes dévoués au parti anti-patriotique, et gagner les troupes frontières. Les trois corps de troupes devoient, en s'avançant vers la capitale, désarmer les municipalités, leur faire prêter serment au roi, et les forcer à rappeller leurs députés aux *états-*

généraux, s'ils tenoient encore. On devoit bloquer Paris, et l'on espéroit ainsi faire venir la nation à résipiscence.

On peut présumer que l'exécution de ce projet étoit combinée avec les troubles qui ont désolé, dans ces derniers temps, le Languedoc, la Provence, le Dauphiné, et quelques autres provinces frontières, et avec les efforts que le fanatisme faisoit dans le même temps pour soulever les principales villes du royaume.

M. Bonne-Savardin étoit parti pour présenter le projet de contre - révolution à la cour de Turin, quand M. Massot-Grand'-Maison, qui, d'après sa prière, l'avoit transcrit sur l'original, écrit de la main de M. Maillebois, dont il étoit alors le secrétaire, vous fit sa déclaration le 24 mars dernier. Vous ne connoissez l'opinion de la cour de Turin et des réfugiés qui y sont, que par les lettres anonymes d'Italie, que le comité des recherches de l'assemblée nationale vous a remises (1). Mais le livre journal de M. Bonne-Savardin, une lettre qu'il écrivit à M. Maillebois, à l'adresse de M. Mas-

_____

(1) Voyez les pièces justificatives, n°. 2.

sot-Grand'Maison, et plusieurs autres pièces trouvées sur lui, lors de son arrestation, vous ont appris qu'il étoit parti peu de temps après, pour aller joindre, en passant par Paris, M. Maillebois, qui s'étoit réfugié en Hollande ; qu'il revint ensuite à Paris, d'où, après y être resté caché quelques jours, il retournoit en Savoie, lorsqu'il fut arrêté par la garde nationale et la municipalité du Pont-Beauvoisin (1).

Vous avez applaudi, messieurs, à la conduite pleine de patriotisme et de prudence de la garde nationale et de la municipalité de cette ville, qui se hâta de vous annoncer cet événement important, ainsi qu'au comité des recherches de l'assemblée nationale et à M. le commandant-général (2). Elle adressa à ce comité les pièces les plus importantes qu'elle avoit trouvées sur M. Bonne-Savardin, tandis qu'elle l'envoyoit à Lyon, pour plus de sûreté. Quant au surplus de ses effets, elle les envoya aussi scellés et plombés à la municipalité de Lyon, qui, sur la réquisition de M. le maire et de M. le

(1) Voyez les pièces justificatives, n° 2.
(2) Voyez les pièces justificatives, n° 2.

commandant-

commandant-général de notre garde nationale, a fait conduire M. Bonne-Savardin à
Paris, sous l'escorte des officiers de l'état-
major , que M. la Fayette avoit envoyés.

Dès le jour de l'arrivée de M. Bonne-Savardin, le comité des recherches de l'assemblée nationale vous l'a renvoyé avec ses effets. Il vous a remis aussi, peu de jours après,
toutes les pièces relatives à cette affaire
qu'il avoit entre les mains. Il faut seulement
vous rappeler que les effets envoyés par la
municipalité du Pont-Beauvoisin à Lyon,
avoient été rendus à M. Bonne-Savardin durant sa détention dans cette dernière ville.

PREMIÈRE QUESTION.

*Y a-t il lieu de dénoncer M. Maillebois
et M. Bonne-Savardin ?*

Vous n'avez pas besoin, messieurs, pour
vous convaincre que la conspiration, dont
vous venez d'entendre le récit, est véritablement un crime de lèze-nation, de vous
rappeler les ordonnances qui déclarent
coupables de lèze-majesté au premier chef
les conspirateurs *contre la république du*

B

royaume (1), ni celles qui défendent à toutes personnes d'entrer dans aucune *ligue offensive ou défensive avec les princes et les potentats étrangers ;* jamais, indépendamment de toutes les loix promulguées parmi les hommes, attentat ne fut plus criminel que cette conjuration (2).

Une grande nation, jusqu'alors asservie, vient de briser ses fers. Foulant aux pieds les préjugés de toute espèce qui l'avoient avilie, elle emploie les premiers instans de cette liberté, si glorieusement acquise, pour donner à l'univers l'exemple à jamais mémorable d'un peuple qui remonte aux grands principes de la raison humaine, et profite des lumières de tous les pays et de tous les siècles, pour asseoir ses institutions politiques sur l'égalité des droits, et le vœu commun. C'est au moment où elle renouvelle dans l'histoire moderne toutes les merveilles de l'antiquité, en réalisant enfin ces spéculations hardies sur la suprématie du peuple, dont tant d'écrivains avilis ou soudoyés par les tyrans, avoient tant de fois prononcé l'exécution impossible ; c'est au

(1) Ordonnance de Villers-Cotterets, en 1531, art. 1.
(2) Ordonnance de Blois, art. 183.

moment où toute la nation assemblée, par ses représentans, se concerte avec son chef pour fonder sur cette base inébranlable la félicité publique, et l'autorité qu'elle dépose en ses mains, que des ames dégradées par l'habitude du despotisme, au point de ne pouvoir plus supporter l'éclat de la liberté, et de croire que ceux qui en ont une fois joui, pourront se la laisser arracher, osent former un plan de conspiration pour nous remettre sous le joug. C'est quand les 44 mille communautés, qui composent l'empire françois, ont ratifié la constitution tracée par leurs représentans, en jurant de la maintenir de tout leur pouvoir, qu'on veut l'étouffer dès sa naissance, dans le sang des citoyens armés pour sa défense, en faisant marcher contre eux des troupes étrangères.

Ainsi, pour servir quelques mauvais citoyens, intéressés au maintien des abus les plus insupportables, on conspiroit contre les droits de tous les hommes, retracés dans la *déclaration* de l'assemblée nationale ; contre la liberté, garantie aux François actuels et à ceux des générations futures par la constitution qu'elle a décrétée ; contre le vœu publiquement prononcé par vingt-qua-

tre millions d'hommes, dans toutes les parties de notre empire; contre la volonté du
roi enfin, qui l'a si fortement et si solemnellement exprimée au mois de février dernier. Dans les diverses conférences que nous
avons déja eues sur cette affaire, nous n'a-
vons jamais douté que nous ne dussions dénoncer un crime si détestable; nous n'avons
jamais douté non plus que nous ne dussions
dénoncer nommément M. Maillebois et M.
Bonne-Savardin, comme prévenus d'en être
les auteurs, et de l'avoir négocié.

C'est effectivement M. Bonne-Savardin
qui a eu, dès le 5 décembre dernier, avec
une personne considérable, cette conversation coupable, dans laquelle ils cherchoient
ensemble les moyens d'emmener le roi hors
de sa capitale, et loin de l'assemblée de nos
représentans, en se procurant une armée que
l'on pût opposer à la garde nationale. C'est
M. Maillebois, que M. Bonne-Savardin a proposé pour le général de cette armée, et les
noms factices, dont ils étoient convenus
d'avance, pour désigner les personnes qui
seroient l'objet de cette conversation, annoncent seuls que le tout étoit déja combiné
entre eux deux. C'est M. Maillebois qui a

conçu ensuite le plan de consp'ration, dans lequel, pour suppléer à cette armée anti-patriotique qu'on ne pouvoit pas trouver en France, il propose d'introduire dans le royaume des troupes qui seroient fournies par le roi de Sardaigne, le roi d'Espagne et des princes d'Allemagné. C'est lui qui a entièrement écrit de sa main ce plan criminel, et qui l'a donné à copier à M. Bonne-Savardin. C'est M. Bonne-Savardin, qui, ayant trop de peine à lire l'écriture de M. Maïllebois, l'a donné à son tour à copier à M. Massot-Grand'Maison, pour le recopier ensuite sur sa copie. C'est M. Maillebois enfin, qui a fourni l'argent nécessaire pour le voyage de M. Bonne-Savardin à la cour de Sardaigne (1).

Vous n'avez pas oublié, messieurs, que les avis de Turin, qui nous ont été remis par le comité des recherches de l'assemblée nationale, s'accordent avec la déclaration de M. Massot-Grand'Maison sur le plan de conspiration, et qu'ils assurent de plus que ce plan a été effectivement présenté par M. Bon-

(1) Voyez l'extrait du livre-journal de M. Bonne-Savardin, pièces justificatives, n°. 8.

ne-Savardin à M. d'Artois, de la part de
M. Maillebois. Si ces avis, tout importans
qu'ils sont, ne peuvent pas faire preuve
d'après leur caractère anonyme, ils ont pu
du moins vous servir d'indication, et toutes
les pièces qu'on a trouvées sur M. Bonne-
Savardin lorsqu'il a été arrêté au Pont-Beauvoisin, tous les éclaircissemens que vous
avez obtenus depuis, confirment ces indications.

M. Bonne-Savardin a reconnu lui-même
qu'il avoit porté à M. d'Artois, dès le jour
de son arrivée, un paquet contenu dans un
autre, que M. Maillebois avoit adressé à
M. Séran, gouverneur de ses enfans. On voit
dans son livre-journal (1) et dans plusieurs
pièces saisies sur lui (2), qu'il a été présenté
depuis, non-seulement aux princes de la
maison de France, qui y étoient réfugiés,
mais encore au roi de Sardaigne et à toute
sa famille, quoiqu'il ne soit resté à Turin
qu'une quinzaine de jours. Les cartes de ceux
qui sont venus pour le voir, sans le trouver,
dans ce court intervalle, constatent qu'il a reçu

(1) *Ibid.* page 13.
(2) Voyez pièces justificatives, n°. 10.

des visites, et même des visites réitérées des
personnes les plus considérables (1). Son
livre-journal et d'autres pièces prouvent encore qu'il est parti de Paris aussi précipitamment qu'il y étoit arrivé ; qu'après avoir
porté à l'ambassadeur de Sardaigne un paquet, dont on l'avoit chargé pour lui (2),
il s'est hâté d'aller rejoindre en Hollande,
M. Maillebois, qui s'y étoit réfugié ; qu'il
est revenu tout de suite à Paris ; et qu'après
le refus fait par M. l'ambassadeur de Sardaigne de le recevoir, à cause du bruit que
faisoit la découverte de son complot, il est
reparti en poste pour la Savoie.

Il est remarquable que, parmi ces pièces
de M. la Chastre (3), on trouve une lettre
pour M. Mounier, que M. Bonne-Savardin
devoit remettre personnellement à ce dernier. M. la Chastre y annonçoit une conversation très-détaillée, qu'ils avoient eue ensemble. M. Bonne-Savardin convient, dans
son interrogatoire, qu'il avoit vu précédemment M. Mounier, lors de son premier voyage

_____

(1) Voyez pièces justificatives, n°. 10.
(2) *Ibid.* n°. 10.
(3) Ci-devant M. le comte de la Chastre.

à Turin. Or, suivant la dénonciation de M. Massot-Grand'Maison, et les lettres de Turin, c'étoit MM. Mounier et Lally-Tollendal qu'on devoit charger de faire le manifeste des révoltés. On trouve enfin, parmi ces papiers, deux lettres écrites à M. Bonne-Savardin, l'une par M. l'ambassadeur de Sardaigne, l'autre par M. Maillebois. Toutes deux, comme on le verra bientôt, loin de démentir les indications précédentes, qui avoient déterminé dès-lors M. Maillebois à s'enfuir, et M. Bonne-Savardin à se cacher dans son premier voyage à Paris, rendent un nouveau témoignage à la réalité de leur projet.

Les embarras perpétuels où M. Bonne-Savardin s'est trouvé, malgré toute sa présence d'esprit, lors des interrogatoires que le comité lui a faits, et les contradictions qui lui sont échappées, ajoutent une nouvelle force à toutes ces preuves. Il dénie les principaux faits relatifs au projet de conspiration rapportés dans la déclaration de M. Massot-Grand'Maison, et dans les avis de Turin; mais il se sert des expressions les plus vagues, parce qu'il craint sans doute qu'on ne lui oppose ou des pièces, ou d'autres témoignages qui démentent ses assertions

assertions à cet égard (1). Il ne nie pas la conversation importante qu'il a eue, le 5 décembre dernier, avant de venir au comité, parce que le récit en est écrit de sa main; mais il ne peut pas se rappeler avec qui il l'a eue, parce que l'interlocuteur n'est désigné dans son récit que sous un nom convenu, et qu'il a, dit-il, perdu la clef que M. Maillebois lui avoit donnée. Et quand on lui observe que cette conversation s'est tenue avec une personne qu'il a vue le 5 et le 6 décembre, de son propre aveu, pour l'instruire de sa visite au comité; quand on lui montre que son livre-journal n'énonce qu'une seule personne qu'il ait vue le 5 décembre au matin, et chez laquelle il soit retourné le lendemain; quand on lui rappelle enfin, que, dans son interrogatoire, il n'a lui-même nommé qu'une seule personne, chez laquelle il ait été ces deux jours-là, et à qui il ait rendu compte de sa visite au comité, il déclare « qu'il paroît bien que » c'est cette personne-là, mais qu'une af- » firmation seroit hasardée en pareil cas; » que la lecture de son livre-journal marque

_____

(1) Voyez les pièces justificatives, N°. 5.

C

» une conformité de noms; qu'il y a des
» rapprochemens, mais que l'affirmation est
» encore une chose impossible, pour ne pas
» compromettre la vérité etc. (1) »

M. Bonne-Savardin n'a pas mieux expliqué
l'objet de cette conversation que le nom de
la personne avec qui elle avoit eu lieu. Il
prétend qu'il n'a proposé M. Maillebois que
pour être à la tête de l'une des trois divisions
de l'armée françoise, projettées par M. la
Tour-du-Pin, dans son plan d'organisation
militaire; et l'on voit, dans cette conversation, qu'il s'agissoit d'une armée qu'on ne
savoit pas où trouver; on y voit que cette
armée devoit être opposée à la garde-nationale, et que M. Bonne-Savardin demande
comment on *se débarrassera* de M. le commandant-général. Enfin, cette armée, suivant la
conversation, devoit conduire le roi dans les
provinces; et l'interlocuteur de M. Bonne-Savardin ne veut pas en donner le commandement à un général qui paroît être M. le maréchal Broglie, parce que la dernière fois
qu'on l'a employé, « il s'est conduit de ma-
» nière à en ôter l'envie aux plus entêtés, et

---

(1) Voyez les pièces justificatives, n°. 5. 5ᵉ séance.

» qu'il ne fait rien depuis cet instant » (1).

Si on demande à M. Bonne-Savardin pourquoi c'est M. Maillebois qui a fourni mille écus
pour son voyage à Turin , il répond que M.
Maillebois lui devoit cette somme dès le temps
où il servoit sous ses ordres en Hollande ; et
rien ne constate , dans son livre-journal , ce
qu'il allègue à cet égard. Si on lui demande
pourquoi , lors de son dernier départ pour
la Savoie , il a obtenu un passe-port sous le
nom de Saint-Marc , en annonçant qu'il alloit
à Auxerre , il répond que sa voiture étant
chez M. Saint-Marc , son domestique a vraisemblablement trouvé plus commode pour
le postillon qui devoit amener les chevaux ,
(mais qui ne devoit pas être muni de passe-
port) de donner l'adresse précise du lieu où
étoit sa voiture, et que, passant par Auxerre
pour aller en Savoie, il n'avoit pas cru déguiser ni sa marche ni la vérité , en faisant
concevoir ainsi un passe-port qui n'étoit utile
que pour sortir de Paris. Il n'explique pas
mieux pourquoi il s'est donné des titres qu'il
n'avoit pas , dans un passe-port qui lui a été
donné à Grenoble; pourquoi il voyageoit sous

(1) Voyez les pièces justificatives , n°. 6.

C 2

le nom de *Savardin*, quand toutes les autres pièces qu'on a trouvées sur lui, annoncent qu'il ne s'étoit fait désigner jusqu'alors que sous le nom de *Bonne*. Enfin, quand on lui demande pourquoi il s'est caché en passant au Pont-Beauvoisin, et pourquoi il s'est annoncé comme aide-de-camp de M. la Fayette, il nie ces deux faits, qui sont pourtant constatés par les informations sommaires faites par la municipalité du Pont-Beauvoisin.

M. Bonne - Savardin nous déclare encore qu'il comptoit *faire passer* à M. Mounier, par une de ces occasions qui se présentent à tout moment, la lettre dont il étoit chargé pour lui, quoique cette lettre dise qu'il en seroit personnellement porteur, et qu'elle annonce uniquement à M. Mounier *une conversation très-détaillée*, dont M. Bonne-Savardin pouvoit seul rendre compte, puisqu'elle avoit eu lieu entre lui seul et M. la Chastre (1).

Ajoutons que, dans un premier interrogatoire, M. Bonne-Savardin déclare qu'il ne se souvient pas de qui est cette lettre pour M. Mounier, ni qui la lui a remise (2), tandis

(1) Voyez les pièces justificatives, n°. 5, art. 95 et suiv.
(2) *Ibid.* n°. 5, art. 22.

que, dans un second, il avoue nettement
qu'elle est de M. la Chastre, député à l'assemblée nationale (1).

Interrogé quel est l'objet de cette conversation détaillée que M. la Chastre annonce
à M. Mounier, il répond qu'elle n'a eu pour
objet que son avancement à la cour de Turin ; tandis que la conversation n'a rien pro-
duit de relatif à cet avancement, du propre
aveu de M. Bonne-Savardin, et quoiqu'il soit
évident que des détails sur ce sujet ne pouvoient pas intéresser M. Mounier (2).

M. Bonne-Savardin prétend encore que sa
correspondance avec M. Maillebois, durant son séjour à Turin, ou dans la Savoie,
se bornoit uniquement à lui donner des nouvelles de sa santé ; M. Bonne-Savardin lui a
néanmoins écrit trois ou quatre lettres, de son
propre aveu (3), dans le court intervalle de
dix-sept jours (depuis le 7 jusqu'au 23 Mars).
Ce n'est pas tout : il prend la précaution de
lui adresser mystérieusement ces lettres sous
un nom étranger, sous celui de M. (Massot)

_____

(1) Voyez les pièces justificatives, n°. 5, art. 58.
(2) *Ibid.* n°. 5, art. 61.
(3) *Ibid.* n°. 5, art. 109.

Grand' Maison , alors secrétaire de M.
Maillebois. Il les adresse au domicile de ce
secrétaire, et non pas chez M. Maillebois.
L'une de ces lettres, écrite de la Novalèse,
et arrivée après la fuite de M. Maillebois, a
été remise au comité par M. Massot Grand'-
Maison, et il n'y est pas question de la santé
de M. Bonne-Savardin (1). On a trouvé la
note d'une autre, dans les papiers saisis sur
lui. Il n'y en est pas plus question (2).

Cette lettre, écrite de la Novalèse, annonce
que M. Bonne - Savardin étoit chargé d'en
remettre une à M. Maillebois, et de porter
un paquet *à son ami de la rue du Cherche-
Midi* , c'est-à-dire , comme M. Bonne-
Savardin en convient dans son interrogatoire , à M. l'ambassadeur de Sardaigne,
qui demeure dans la rue du Cherche-Midi.
M. Bonne-Savardin ajoute, dans sa lettre
de la Novalèse, qu'il croit qu'il sera nécessaire que cet ami communique le paquet
à M. Maillebois. Il résulte de-là que M.
Bonne-Savardin connoissoit bien le contenu de ce paquet, et qu'il étoit réellement
pour M. l'ambassadeur de Sardaigne. Cepen-

(1) Voyez les pièces justificatives , n°. 1er.
(2) *Ibid.* n°. 6.

dant M. Bonne-Savardin prétend, dans ses
interrogatoires, qu'il ignoroit le contenu du
paquet, qu'il présumoit, dit-il, renfermer
les pièces relatives à son entrée au service
de Sardaigne, mais que M. l'ambassadeur
ayant ouvert en sa présence la première
enveloppe, il n'y trouva rien autre chose
qu'un paquet pour Madame Seran (1).

Ce n'est pas tout encore ; les lettres même
de M. Maillebois à M. Bonne-Savardin, sont
des énigmes pour ce dernier. M. Maillebois
lui a écrit de Hollande, le jeudi 15 (avril
dernier) « que les nouvelles de sa famille et
» de ses amis paroissent croire à la chûte
» prochaine *du complot; qu'un autre avis*
» *plus entortillé,* semble croïre qu'on attend
» des lettres de Turin ; . . . . . . qu'ainsi
» il voit que, sans cette lettre très-inutile
» de la Novalèse, et *la bléchérie du Cherche-*
» *Midi à quatorze heures,* cela seroit bientôt
» fini (2) ». Quand on demande à M. Bonne-
Savardin ce que c'est que *cet avis plus entor-*
tillé, et cette *blécherie du Cherche-Midi à*

_____

(1) Voyez les pièces justificatives, n°. 5, art. III.
(2) Voyez la note sur cet objet, n°. 6.

quatorze heures, il répond qu'il n'en sait
rien (1), quoiqu'il ait précédemment déclaré
qu'il n'avoit été voir M. Maillebois que pour
lui demander des éclaircissemens sur la dénonciation faite au comité par M. Massot-
Grand'Maison (2).

Un post-scriptum de cette même lettre
remercie M. Bonne-Savardin des nouvelles
qu'il a données à M. Maillebois ; et que célui-
ci dit être *assez graves, chacune dans leur
genre*. M. Maillebois y ajoute qu'il espère
que M. Bonne-Savardin aura mis *toute la
prudence possible dans son entrevue*, si elle
a lieu.

Suivant M. Bonne-Savardin, ces nouvelles
assez graves sont relatives en partie aux
troubles du Brabant, et en partie à d'autres
affaires dont il ne se rappelle pas. L'entrevue qu'il s'agit devoit avoir lieu, pour le
même objet, avec M. le général de Klen-
berg; et il rapporte en preuve un passe-port
de ce général.

Enfin, par rapport à ces mots : *la chûte
prochaine* DU COMPLOT, qui prouvent que

(1) Voyez les pièces justificatives, n°. 5 , art. 132.
(2) *Ibid.* n°. 5.

CC

ce n'étoit pas une chimère dans l'opinion même de M. Maillebois, M. Bonne-Savardin dit que *c'est une négligence de style.*

C'est encore *une négligence de style*, suivant lui, que cette expression de la lettre qui lui a été écrite par M. l'ambassadeur de Sardaigne, le 25 avril dernier : « Je sais » qu'on vous a fait chercher, et que vous » pourriez bien encore être arrêté, quoique » les bruits de vos PROJETS soient ralentis » depuis quelques jours ».

Quant au post-scriptum de la même lettre, où M. l'ambassadeur lui marque : « Les cho- » ses sont d'ailleurs comme vous les avez » laissées, et je n'ai rien appris de nouveau » depuis vous », M. Bonne-Savardin n'en peut pas rendre compte, parce qu'il n'a pas vu M. l'ambassadeur depuis qu'il lui avoit porté le paquet pour M. de Seran, et il paroît croire que tout cela ne se rapporte qu'aux promesses d'avancement de service qui lui avoient été faites à la cour de Turin.

Ainsi, les réponses de M. Bonne-Savardin ne font qu'agraver de plus en plus les charges qui résultent contre lui de tant de pièces.

D

La plupart de ces pièces chargent également M. Maillebois ; et si sa fuite n'a pas permis de l'interroger personnellement, on peut dire qu'elle forme une nouvelle présomption contre lui. La déclaration faite au comité par M. Lenoir Duclos, 'qui a été son valet-de-chambre jusqu'au moment où il s'est réfugié en Hollande, confirme celle de M. Massot-Grand'Maison. On y lit que ce dernier lui avoit annoncé, dès le commencement de mars, qu'il paroissoit que M. Maillebois tramoit une contre-révolution, comme il l'avoit appris par un écrit de ce dernier, qu'il avoit copié sur la prière de M. Bonne-Savardin. On y lit encore qu'il a vu chez M. Maillebois une lettre à l'adresse de M. Massot - Grand'Maison, qui voulut la lui porter ; mais que M. Maillebois l'en empêcha, en disant que ces lettres étoient pour lui, et que cela étoit de convention avec M. Massot. M. le Noir Duclos ajoute qu'après le départ de M. Massot-Grand'Maison, M. Maillebois s'étoit emparé de son portefeuille ; que lui (le Noir Duclos) « l'avoit » trouvé dans une situation qui ne lui étoit » pas ordinaire, et paroissant agité ; qu'au

» moment où le déclarant se disposoit à le
» raser, il se leva précipitamment sans rien
» dire, et sortit de son appartement; que,
» revenu un instant après, il parut au décla-
» rant beaucoup plus agité; que le rouge lui
» montoit au visage pendant qu'on le rasoit;
» et que, la toilette faite, il dit, en s'appuyant
« sur la tablette de la cheminée, et en par-
» lant au déclarant : *Massot m'a fait une*
» *atrocité.* ».

Enfin, M. Maillebois a fait insérer dans les
papiers publics de Hollande, une lettre écrite
le 19 mai à la grande société de Breda, où, en
démentant un article du Courier de Leyde,
il affirme que M. Bonne-Savardin ayant quitté, dès 1788, le service des Etats-Généraux,
ne peut y avoir aucun grade militaire; qu'il
ne lui a jamais donné la moindre mission,
ni écrit aucune lettre (1).

L'interrogatoire de M. Bonne-Savardin
prouve néanmoins qu'il a porté les lettres de
M. Maillebois à Turin; qu'il lui en a rapporté
les réponses; et vous avez de plus sous les
yeux la lettre écrite d'Anvers le 15 avril der-

____

(1) Gazette universelle, n°. 192. pag. 767.

nier, à M. Bonne-Savardin par M. Maillebois, pour lui faire part de ce qu'il a appris sur la chûte du complot, èt pour d'autres objets. M. Maillebois a donc senti lui-même qu'il ne pouvoit se défendre des imputations qui lui étoient faites, qu'en cachant la vérité, comme M. Bonne-Savardin. Il doit donc être dénoncé comme lui.

SECONDE QUESTION.

Y a-t-il lieu à dénoncer la personne avec laquelle M. Bonne-Savardin a eu l'entretien du 5 décembre 1789? Et comment cette dénonciation doit-elle être faite?

Vous avez, messieurs, sous les yeux le récit de cette conversation, que M. Bonne-Savardin avoit écrit pour M. Maillebois, en désignant ceux qui en étoient l'objet, et son interlocuteur même, sous des noms convenus (1).

Il est nécessaire de vous en rappeler les principaux traits, pour vous mettre à por-

_____

(1) Voyez ce récit, avec les notes de M. Agier, aux pièces justificatives, n°. 7.

tée de vous décider. M. Bonne-Savardin commence cet entretien en demandant à son interlocuteur, qu'il désigne sous le nom de
Farcy : *Quand cela finira-t-il ?* Question
qui se rapporte évidemment à l'état où les
choses se trouvoient depuis la révolution.
Farcy répond : « *il faudra bien qu'il y ait un*
» *terme ;* et si cette espérance ne nous sou-
» tenoit, il faudroit mettre la clé sous la
» porte, et *attendre l'instant d'être égorgés* ».
Ainsi, l'interlocuteur de M. Bonne-Savardin
desiroit une contre-révolution ; cette espérance le soutenoit : il auroit quitté sa place
sans cela ; et ce n'est que de cette manière
qu'il prétend pouvoir éviter d'être égorgé.

L'interlocuteur ajoute, « que ce terme sera
» le printemps, puisque c'est l'époque que
» le Roi a choisie pour aller visiter les pro-
» vinces ». M. Bonne-Savardin lui dit alors :
» Ne craignez-vous pas que toute cette mi-
» lice n'y mette des entraves ? qu'elle ne
» veuille vous suivre et rendre *vos projets*
» sans effet ? » L'interlocuteur avoit donc
des projets que la garde nationale auroit
rendus sans effet, en suivant le roi. Il est
clair que de tels projets ne pouvoient être
que ceux d'une contre-révolution.

La réponse de l'interlocuteur confirme cette idée. « Hé bien, dit-il, si elle est tentée » de suivre , nous la laisserons faire ; et » quand une fois nous aurons le cul sur la » selle, nous verrons ».

M. Bonne-Savardin sent à merveille qu'on entend par-là des mesures hostiles contre la garde nationale , et il lui dit : « Je con- » çois qu'alors il y auroit *des moyens , si* » *vous aviez des troupes ;* mais où en trou- » verez-vous ? »

On redoutoit trop le patriotisme des sol-dats françois , pour compter sur eux , et l'on n'avoit pas apparemment encore de promesses des puissances étrangères. L'in-terlocuteur garde le silence.

M. Bonne-Savardin continue : « *Comment* » *vous débarrasserez-vous de Betville?* Son » ambition est vaste, et il est en mesure». Il paroît , d'après les détails qui suivent, qu'il s'agit ici de M. le commandant-général de la garde nationale. L'interlocuteur pré-tend que ce commandant est plus embar-rassé qu'eux ; que les moyens ne leur man-queront pas, quand ils n'auront que lui à craindre.

M. Bonne-Savardin propose alors pour

général M. Maillebois, sous le nom d'*A-drien* (1), dont il vante les talens et l'esprit fécond en ressources. Mais l'interlocuteur craint qu'il ne puisse pas le faire agréer, quoiqu'il en ait la même opinion.

Enfin , M. Bonne-Savardin demande si l'on prendroit M. *de Culan*, nom par lequel il paroît avoir voulu désigner M. le maréchal Broglie. L'interlocuteur répond que ce seroit une folie ; qu'il s'est conduit d'une manière à en ôter l'envie au plus entêté ; qu'avec de l'énergie, une tête, il seroit allé habiter les mêmes lieux qu'*Ermand* (2), puis-qu'il y a une possesion ; mais que sa tête n'y est plus. Farcy finit par prier M. de Bonne-Savardin de lui rendre compte de ce qui se passera au comité.

On ne peut pas douter, d'après le début même de cette conversation, qu'il n'y en eût eu déjà d'autres sur le même sujet entre les mêmes personnes ; et il en résulte du moins de celle-ci, que l'interlocuteur, quel qu'il

---

(1) M. Bonne-Savardin a reconnu que le nom d'*Adrien* désignoit M. Maillebois. C'est le seul des noms convenus que M. Bonne-Savardin ait interprété.

(1) Voyez pièces justificatives , n°. 7.

soit, avoit dès-lors des *projets* de contre-
révolution, pour l'exécution desquels il lui
falloit une armée, qu'il opposeroit aux
gardes nationales; qu'il avoit examiné, avec
M. Bonne-Savardin, quel en seroit le chef,
et s'il seroit nécessaire de se débarrasser du
commandant-général de la garde nationale.

D'après cela, il est bien constant que
cet interlocuteur, quel qu'il soit, doit
être dénoncé, pour avoir trempé dans
le projet d'une conspiration avec M. Maillebois et M. Bonne - Savardin nominativement, si nous avons des moyens suffis
pour le connoître; et dans le cas contraire,
sous les désignations que donne le récit de
la conversation.

Ces dénonciations de personnes incon-
nues ne sont, ni contraires à la raison,
ni contraires à nos formes judiciaires. Le
but des dénonciations est évidemment de
mettre la justice à portée d'acquérir, par
les informations, de nouvelles indications
du délit et des personnes qui peuvent en
être coupables. Lors donc qu'on n'a que
des indications incomplettes sur la personne
de ceux qui paroissent y avoir participé,
rien n'est plus juste que de les dénoncer
dans

dans cet état d'incertitude, afin que les
magistrats puissent completer ce qui manque aux preuves, soit du côté des personnes
indiquées, soit du côté du délit dont elles
sont prévenues, et pour les avertir elles-
mêmes de venir offrir leur justification, si
c'est mal à propos qu'on leur attribue cette
participation au délit. Les tribunaux vont
bien plus loin : lors même que les informations laissent encore de l'incertitude sur la
personne, ils décrètent des quidams, en les
désignant par les caractères que donnent
ces informations, et l'on ne peut pas se dispenser de considérer ces sortes de décrets
comme abusifs, parce qu'il ne faut pas laisser
aux officiers ministériels, chargés de les
mettre à exécution, le soin de juger de
leur application. Ces inconvéniens ne peuvent pas s'étendre aux dénonciations faites
dans la même forme; car c'est évidemment
aux tribunaux à juger si les dépositions des
témoins ou les autres preuves qui existent
au procès, désignent quelqu'un individuel-
lement, et quel est ce quelqu'un.

Mais nous devons-nous borner à une dénonciation aussi vague? N'avons-nous pas
des indications de la personne que M. Bonne-

E

Savardin a désignée sous le nom de *Farcy?*
et ces indications ne suffisent-elles pas pour
en autoriser la dénonciation individuelle?
Vous vous rappellez, Messieurs, que l'écrit
de M. Bonne-Savardin annonce qu'il a rendu
visite, le cinq décembre dernier, avant de
venir au comité, à ce prétendu Farcy, et
qu'il y est retourné le lendemain matin. Vous
vous rappellez encore, qu'en consultant le
livre-journal de M. Bonne-Savardin, où il
a mis soigneusement toutes les personnes
chez qui il est allé chaque jour, vous y
avez trouvé qu'il avoit été, le cinq décembre
dernier, chez M. Guignard Saint-Priest,
avant d'aller au comité, et qu'il y avoit retourné le lendemain matin. Ce journal n'é-
nonce que M. Guignard Saint-Priest seul,
chez qui M. Bonne-Savardin soit allé consécutivement ces deux jours-là, quoiqu'il
nomme plusieurs personnes chez qui il avoit
aussi été l'un ou l'autre de ces deux jours
seulement.

Il est impossible, d'après cela, que M.
Guignard Saint-Priest ne s'offrît pas à vous,
comme l'interlocuteur avec lequel cette conversation avoit eu lieu; et ses fonctions de
ministre ne quadroient que trop avec la

manière dont l'interlocuteur de M. Bonne-
Savardin s'est exprimé dans cette conversation. Vous avez donc demandé à M. Bonne-
Savardin, qui ignoroit alors que vous eussiez
entre les mains le récit de son entretien,
« si, le jour où il s'est rendu au comité de
» recherches , sur notre invitation , il n'a
» pas été , dans la matinée, voir une per-
» sonne, à qui il a fait part de cette invi-
» tation , et si le lendemain il n'y est pas
» retourné, pour lui rendre compte de ce qui
» s'étoit passé au comité. A lui demandé
» quelle est cette personne ».

M. Bonne-Savardin a répondu « que ouï ,
» et que cette personne est M. LE COMTE
» DE SAINT-PRIEST ».

Il est vrai que quand on a montré à M.
Bonne - Savardin le récit, écrit de sa main ,
de la conversation du 5 décembre , il n'a
pas voulu formellement avouer que M· Guignard Saint-Priest en fût l'interlocuteur ;
mais il s'est bien gardé de dire qu'elle eût
été tenue avec une autre personne ; il a
seulement prétendu que , n'ayant pas la clef
que lui avoit donnée M. Maillebois, il ne
pouvoit plus reconnoître celui qu'il avoit
désigné sous le nom de *Farcy ;* comme s'il

pouvoit être besoin de cette clef pour se rappeller l'unique interlocuteur d'une conversation si intéressante, dont M. Bonne-Savardin avoit annoncé le récit à M. Maillebois, par une première lettre, et qu'il avoit détaillée dans un second écrit. Aussi quand nous lui avons rappelé combien tout concouroit à établir que cet interlocuteur étoit M. de Saint-Priest, il a été réduit à dire, comme vous l'avez déjà vu, « qu'il » paroissoit que c'étoit lui (M. Guignard » Saint-Priest) qu'il avoit voulu désigner; » mais qu'une affirmation seroit hasardée » en pareil cas ; que la lecture qu'on lui » a faite de son livre de raison, aux dates » annoncées, marque une conformité des » noms de M. le comte de Saint-Priest et » de Farcy ; mais qu'encore une fois, il » ne peut affirmer que ce soit la même » personne ; qu'il répète qu'il y a des rap-» prochemens entre ces deux noms ; mais » que l'affirmation est encore une chose » impossible , pour ne pas compromettre » la vérité ».

Il n'est pas un de vous, Messieurs, qui ait pu ajouter foi à ces restes d'incertitude affectée par M. Bonne-Savardin. Il ne vous a plus été permis de douter, après cet interrogatoire, que M. Guignard Saint Priest ne fût l'interlocuteur de cette conversation criminelle ; et les tergiversations de M. Bonne-Savardin, pour éviter de le nommer, sont, pour qui jugera bien le cœur humain, une désignation beaucoup plus irréprochable de ce ministre, que ne le seroit l'aveu le plus formel. Nous avons donc le témoignage écrit de M. Bonne-Savardin, dans un temps non suspect pour la réalité de la conversation et le concours de toutes les circonstances, pour l'attribuer à M. Guignard Saint-Priest.

Cela suffit sans doute pour nous autoriser à la dénoncer, et pour nous en faire un devoir. Mais ne doit-il pas nous être permis d'ajouter que cette dénonciation spéciale présente l'avantage précieux de mettre la justice plus à portée d'acquérir les informations nécessaires pour déterminer son jugement. C'est moins la conversation en elle-même qu'il s'agit de déférer au tribunal national, que le projet de contre-révolution qui en étoit le sujet. Si l'on se contente de dénoncer un quidam désigné sous le nom de *Farcy*, n'a-t-on pas à craindre que le ministère public ne puisse appeller , et que les juges eux-mêmes ne puissent entendre, à cet égard, que les témoins qui pourroient déposer de cette conversation , ou prouver l'identité de M. Guignard Saint-Priest avec le prétendu Farcy? Les autres témoins qui pourroient se présenter pour déposer contre ce ministre, des faits relatifs à un projet de contre-révolution, courroient le risque d'être rejettés, parce qu'il ne seroit point dénoncé au procès , mais son ombre seule , et son ombre encore inconnue aux yeux de la loi ; ou plutôt ces témoins ne se présenteroient pas. D'après les préjugés que la barbarie de notre ancienne instruction criminelle a laissés dans tant d'esprits, combien la crainte de passer pour dénonciateur, en allant offrir son témoignage à la justice, ne retient elle pas de citoyens dévoués d'ailleurs au bien public? Or , il est à peu près impossible d'acquérir de nouvelles preuves de la conversation tenue entre M. Bonne-Savardin et son interlocuteur. Ils étoiént probablement seuls lorsqu'elle a eu lieu, comme l'annonce M. Bonne-Savardin dans son interrogatoire (1).

_____

(1) Voyez pièces justificatives, n°. 5.

Vous avez néanmoins , contre M. Guignard Saint-Priest, d'autres indications qui
ne se rapportent que trop au projet de
contre-révolution sur lequel a roulé la conversation du 6 décembre 1789. Sans parler
ici des troubles de Marseille , qui ont engagé cette grande ville à dénoncer ce ministre à l'assemblée nationale , et sur lesquels vous n'avez point encore acquis [de
preuves suffisantes, pour en induire la liaison
avec le projet coupable d'une contre-révolution, on vous annonce plusieurs autres
faits à la charge de M. Guignard Saint-Priest.
On vous assure qu'il a témoigné hautement
son aversion et son mépris contre l'assemblée nationale ; qu'il a tenu des propos scan-
daleux sur ses travaux et sur la belle constitution qu'elle établissoit ; qu'il n'y avoit
pas de sarcasme qu'il ne lâchât contre les
plus estimables défenseurs de notre liberté,
et contre l'assemblée nationale elle-même
et la constitution , en annonçant qu'elle ne
subsisteroit pas long-temps , et que les choses retourneroient bientôt sur l'ancien pied.

Vainement prétendroit-on que la place
éminente de M. Guignard Saint-Priest mérite des égards particuliers ; que nos loix

même paroissent l'exiger, puisque l'ordonnance criminelle veut, dans l'art. 2 du tit. 10,
que « *selon la qualité* des crimes, des preu-
» ves et *des personnes*, il soit ordonné que
» la partie sera assignée pour être ouie,
» ajournée à comparoir en personne, ou
» prise au corps ».

Il n'est pas besoin, Messieurs, de vous
rappeler que cette distinction dans la qualité des personnes, est pour jamais abolie
par les décrets de l'assemblée nationale, et
qu'au surplus, la faveur due à la qualité de la
personne, seroit abondamment compensée
partout ce que la qualité du crime a d'odieux,
si nous nous croyons permis d'invoquer ici
les principes effrayans de notre jurispru-
dence criminelle sur les crimes de lèse-
majesté royale ou nationale. Il est du moins
incontestable que cet article de l'ordonnance
criminelle doit être resserré dans les bornes
les plus étroites, et son texte ne parle que
des diverses espèces de décrets ; il ne dit
rien des dénonciations ou des accusations.
La loi ne fait aucune distinction à cet égard:
tous ceux qui paroissent prévenus de tel
ou tel crime, doivent donc, d'après cette
loi même, être dénoncés, sauf à prononcer

à leur égard un décret plus ou moins ri-
goureux, suivant les circonstances.

Si les fonctions importantes dont M. Guignard Saint-Priest est chargé, pouvoient être
ici de quelque considération, elles offri-
roient un motif de plus pour le dénoncer,
soit qu'on examine les devoirs que sa place
lui imposoit, soit qu'on porte ses regards
sur les grands motifs qui devoient l'engager
à bien servir son pays, ou sur les circonstances honorables dans lesquelles il a été
rappelé au ministère

Les obligations qui unissent tous les hommes entr'eux, qui leur inspirent la loi de se
protéger mutuellement, et sur-tout de ne point
se nuire, reçoivent une nouvelle force de
l'union sociale, et l'infraction de ces devoirs
est bien plus coupable encore de la part de
tous ceux qui sont chargés de veiller à leur
observation. Mais est-il un degré de crime
au-delà de celui d'un ministre qui trahit la
confiance de tout un peuple, dont il a l'autorité en dépôt? Quelque parfaite, quelque
prévoyante que soit une législation, quelque
règle qu'on y puisse mettre, il y a toujours
beaucoup d'arbitraire dans l'exécution; et
un ministre peut faire beaucoup de mal sans

F

être à la portée du glaive de la loi. Le sort de plusieurs milliers d'hommes est à sa disposition. Il est le dispensateur des graces ; sa bienveillance seule est une faveur, que peu de personnes ont la sagesse de négliger. Armé de tant de moyens, combien n'est-il pas dangereux, s'il veut faire le mal? combien n'est il pas coupable, sur-tout si, à tant de moyens pour nuire, se joint encore la facilité que donne l'anarchie pour exciter des troubles? Son crime ne s'aggrave-t-il pas de toutes ces circonstances combinées ?

L'administration précédente avoit emporté avec soi l'exécration publique ; et c'est dans ce moment que M. Guignard Saint-Priest fut rappelé.

L'empire des loix venoit d'être solemnellement proclamé sur les ruinet de la tyrannie ; le peuple et le roi s'étoient unis pour marcher de concert dans la voie du bien public et de la liberté. Sans doute on doit s'attendre qu'une administration créée par le despotisme en défende la cause; alors en abhorrant les agens du pouvoir arbitraire, on peut encore , s'ils vont ouvertement à leur but , conserver quelque estime pour l'audace avec laquelle ils s'exposent aux suites dangereuses

de leurs desseins pervers. Mais le patriotisme
doit toute sa haine , et la justice toutes ses
rigueurs , au ministre perfide qui, portant
les drapeaux de la liberté , veut la livrer
à ses ennemis , et qui tourne contre le peuple
même le pouvoir qu'il tient de lui.

Un prince, qui savoit mieux écrire sur ses
devoirs que les remplir , le successeur de la
reine Elizabeth., a dit, dans son premier dis-
cours au parlement d'Angleterre , que les
rois étoient *les premiers serviteurs de la république* (1); mais, dans un pays où le chef
n'est pas responsable , cette qualification
convient encore mieux aux agens immé-
diats du pouvoir exécutif. Ils sont bien plus
les ministres du peuple que ceux du prince;
et c'est contre eux sur-tout qu'on doit ad-
mettre, dans toute son emphase, la dénomi-
nation de *haute trahison* , qu'a donnée aux
crimes de lèze-nation le peuple qui nous a
précédés dans la carrière de la liberté. Il n'est
assurément pas injuste d'exiger plus de celui
à qui l'on a plus confié.

On pourroit donc dire qu'on a droit de
traduire plus facilement un ministre en jus-

(1) Voyez le fameux numéro 45 du *North-Briton.*

tice , non pour le juger sur des preuves plus légères , mais pour appeler sur lui toutes les lumières , pour dissiper tous les nuages qui peuvent obscurcir sa réputation , et pour que la nation soit sûre de le connoître.

Enfin , Messieurs , la publicité de l'instruction indiquera , comme complice , M. Guignard Saint-Priest , soit que vous le dénonciez nominativement ou non. Mais si vous ne le dénoncez pas , vous l'inculpez, indirectement à la vérité , mais d'une manière tout aussi sûre, sans lui donner les moyens de se justifier légalement. Cette méthode d'attaquer un ministre suspect peut être la meilleure , politiquement parlant , lorsqu'on veut lui nuire ou le perdre , sans se compromettre ; elle peut être la plus sûre pour ceux qui consultent plus leur tranquillité que les devoirs dont ils sont chargés ; mais , par cela même , elle ne convient pas aux délégués d'un peuple libre. Ils doivent attaquer franchement , courageusement, et, si je puis le dire, dans tout l'éclat de la lumière , ceux qui leur paroissent les ennemis du bien public. Il n'est pas un de vous qui n'aimât mieux , si l'on avoit des soupçons sur lui , se voir accuser hautement afin d'être à portée de les détruire , que d'être forcé de les laisser se perpétuer dans les ténèbres. Tel sera toujours le vœu des gens de bien ; tel doit être celui de M. Guignard Saint - Priest , si nous avons le bonheur de nous tromper , en croyant voir en lui un ennemi du bien public.

Il est trop vrai, Messieurs, que les pièces dont vous venez de voir les principaux résultats , font naître nécessairement des soupçons sur quelques autres personnes, contre lesquelles nous n'avons pas des indices suffisans, pour les comprendre dans la dénonciation. Notre devoir est de les surveiller sans interruption, et nous continuerons à le remplir dans toute son exactitude. Mais vous penserez sans doute aussi que vous devez, dès-à-présent, publier les principales pièces de cette grande affaire. Cette publicité appellera, sans doute, les dépositions des bons citoyens, qui sentiront enfin qu'on se rend complice des traîtres, en cachant leur trahison ; elle mettra tous les dépositaires du pouvoir exécutif à portée de prendre les mesures, que ces indications leur suggéreront. Aucun de ceux que ces pièces peuvent compromettre n'aura droit de s'en plaindre, parce qu'elles font partie d'une instruction qui doit devenir publique ; parce que la publicité de tout ce qui intéresse une nation est plus particulièrement nécessaire, quand c'est le seul moyen qu'on ait de la garantir d'un danger apparent ; parce qu'enfin la même voie est ouverte, pour détruire les soupçons que des circonstances extraordinaires font naître nécessairement contre eux.

Si, comme l'espéroit M. Maillebois, quelques princes de l'Europe étoient disposés à se liguer avec les mécontens, qui voudroient river les fers de tous les peuples, en asservissant de nouveau leur patrie, ils apprendront, sans doute, à connoître l'impuissance de leurs efforts contre la liberté françoise ; ils se hâteront peut-être de prévenir les commotions qui ne tarderont pas à se propager, dans ce qu'ils appellent *leurs états.* L'amour inné de cette liberté, dont le germe n'attend qu'un moment favorable, pour la développer dans tout ce qui respire, donne à notre cause des surveillans chez tous les peuples. Cette affaire vous en fournit un exemple, et ce n'est pas le seul que vous

puissiez produire de l'intérêt que les étrangers prennent à notre révolution. Bientôt les
princes de l'Europe, qui n'auront pas la sagesse de suivre l'exemple du roi des François, s'appercevront que les nations se li-
guent aussi contr'eux; et les despotes, ac-
coutumés de longue main à se méfier de
tout ce qui les entoure, craindront toujours
qu'il ne se trouve, autour d'eux quelqu'ami
de la liberté, pour détruire l'effet de leurs
complots perfides, par une trahison magna-
nime.

ARRÊTÉ

DU COMITÉ DE RECHERCHES.

VU les déclarations faites au comité les 24, 27, 31 mars et 18 juin 1790; les avis reçus de Turin et de Nice, en dates des 12, 23, 27 du même mois de mars et 19 avril communiqués au comité de recherches de l'assemblée nationale ; le procès - verbal d'arrestation de M. Bonne - Savardin , fait le 31 avril par la municipalité du Pont-Beauvoisin, contenant visite et exa-men de ses papiers et effets ; l'informa-tion sommaire faite le lendemain par la même municipalité ; la lettre par elle adressée, tant au comité des recherches de l'assemblée nationale , qu'au présent comité et à M. le commandant-général de la garde nationale parisienne, pour leur faire part de ces diverses opérations ;

les

les interrogatoires subis devant le comité,
par M. Bonne - Savardin, les 21, 22,
23, 24 mai et 4 juin ; la lettre par
lui écrite de la Novalèse le 24 mars,
son livre de raison ; une lettre à lui écrite
d'Anvers par M. Maillebois, le jeudi 15
(avril) ; plusieurs autres lettres à lui
adressées par différentes personnes, ou
dont il s'est trouvé porteur ; et généralement toutes les pièces trouvées sur lui,
ou déposées au comité ; vu enfin le récit
d'une conversation de M. Bonne-Savardin, écrit par lui-même, et envoyé,
à M. Maillebois, en décembre dernier.

Le comité, instruit par ces pièces et
déclarations, qu'un projet qui tendoit à
attirer sur la France des armées étrangères
pour renverser l'ordre public que la constitution établit, avoit été conçu par des
personnes d'autant plus coupables, qu'elles
ont obtenu des grades et des honneurs au
nom de l'état, pour le mieux servir, par

G

M. Desmarets-Maillebois, lieutenant-géneral des armées françoises, et chevalier de l'ordre du S. Esprit, et M. Bonne-Savardin, officier de cavalerie, chevalier de S. Louis :

Que l'un et l'autre ont offert leur projet et leurs services à M. d'Artois et à la cour de Turin ; qu'à cet effet, M. Bonne-Savardin a été envoyé, et s'est rendu à cette cour, aux frais de M. Desmarets-Maillebois, pour y négocier l'exécution de ce projet ; ce qu'il a fait autant qu'il lui a été possible :

Que M. Bonne-Savardin a également offert les services de M. Desmarets-Maillebois contre la patrie, à une personne désignée entre eux par le nom de *Farcy*, et que les pièces annoncent être M. Guignard Saint-Priest, ministre et secrétaire d'état ; que celui-ci, loin de repousser ou même de dénoncer aux tribunaux des

offres aussi criminelles, à favorablement
accueilli M. Bonne-Savardin, par des témoignages de bienveillance et par la
communication d'autres projets non moins
contraires à la constitution:

Que M. Guignard Saint - Priest n'a
cessé de témoigner sa haine et son mépris
pour l'assemblée nationale et les loix
décrétées par elle et acceptées par le
roi, tandis que le premier devoir d'un
ministre est de les faire exécuter et respecter.

Le comité, après en avoir plusieurs
fois conféré avec les membres du comité
des recherches de l'assemblée nationale,
estime, que M. le procureur-syndic de
la municipalité de Paris doit, en vertu
des pouvoirs qui lui ont été donnés, dénoncer les crimes ci-dessus mentionnés,
circonstances et dépendances; dénoncer
aussi comme prévenus desdits crimes,

M. Yves-Marie-Desmarets Maillebois, lieutenant-général des armées françoises, et chevalier de l'ordre du Saint-Esprit; M. Bertrand Bonne-Savardin, officier de cavalerie, et chevalier de Saint-Louis; et M. François-Emmanuel Guignard Saint-Priest, ministre et secrétaire d'état, leurs fauteurs, complices et adhérens.

Fait au comité, le 9 juillet 1790.

Signés, AGIER, PERRON, OUDART, J. PH. GARRAN, J. P. BRISSOT.

PIECES

PIÈCES JUSTIFICATIVES.

Nº. 1.

DÉCLARATIONS faites au Comité de Recherches, et pièces y annexées.

NOTE PRÉLIMINAIRE.

CERTAINES personnes ne manqueront pas de se récrier contre ces déclarations, que, suivant leur usage, elles qualifieront de *délations infâmes*. Notre réponse est dans une autorité qu'ils ne contesteront pas. « Une délation qui tend à » sauver l'Etat, est une action honorable, qu'on ne sauroit » trop récompenser ; il n'y a de délations criminelles que » celles qui sont faites aux tyrans contre les défenseurs de » la vérité et de la liberté ». *Exposé de la conduite de M. Mounier*, pag. 40.

Au reste, ce seroit bien à tort que la déclaration du sieur Massot-Grand'Maison seroit mise dans la classe des *délations*.

En premier lieu, comme on l'observe dans le rapport, ce n'est point lui qui a donné au comité les premières indications du complot tramé par MM. Maillebois et Bonne-Savardin ; c'est un homme respectable, qui, ayant appris de M. Massot-Grand'Maison, le secret affreux dont il étoit dépositaire, est venu sur-le-champ en faire part au comité, pour s'acquitter de son devoir de citoyen.

a

En second lieu, M. Massot-Grand-Maison n'a quitté M. Maillebois que malgré lui, et pour sa propre conservation, lorsqu'il a vu que, par l'effet d'une complaisance déplacée, il alloit se trouver nécessairement compromis dans une affaire aussi grave ; sur-tout depuis qu'il eut découvert que son nom ne servoit pas seulement de passe-port aux lettres que M. Bonne-Savardin écrivoit à M. Maillebois, mais que, dans le contexte même, elles paroissoient lui être adressées, à lui Grand-Maison.

Enfin, M. Massot *a positivement déclaré que le patriotisme seul l'avoit engagé à faire sa déclaration, et qu'il n'entendoit en recevoir aucune récompense, quelle qu'en pût être l'issue.*

Ces circonstances paroissent suffire pour rassurer les personnes les plus difficiles.

La déclaration du sieur Lenoir Duclos est encore moins suspecte : il n'a paru au comité qu'après y avoir été mandé par nous, et sur l'indication qu'en avoit donné le sieur Massot-Grand'Maison.

Déclarations de M. Massot-Grand-Maison.

24 mars 1790. 1ere. déclaration.

CE JOURD'HUI vingt - quatre mars mil sept cent quatre-vingt-dix, est comparu par-devant Nous, THOMAS-JEAN MASSOT-GRAND-MAISON, ci-devant attaché à M. le comte de Maillebois, de présent à Paris, n°. 3, rue du Théâtre François, lequel nous a déclaré que, dans le mois de février dernier, M. le chevalier de Bonne, ancien capitaine au service de Hollande dans la légion de Maillebois, lui a remis *un mémoire écrit de*

le main de M. le comte de Maillebois, avec
prière de le copier pour lui, parce que l'é-
criture en étoit difficile à lire ; qu'il consentit
à le copier ; qu'après l'avoir lu, il fut véritablement effrayé des idées que contenoit ce
mémoire ; que cependant il en fit une copie
qu'il remit à M. de Bonne, sous la condition
que ce dernier le copieroit lui-même devant
lui déclarant, et lui rendroit ensuite sa copie, ce qui fut fait ; que cette copie fut ensuite jettée au feu ; que lui déclarant remit
à M. de Bonne l'original ; que M. de Bonne
partit le vingt-deux février pour Turin ; que,
dès le soir même de son départ, le déclarant,
toujours frappé de l'énormité du projet que
contenoit le mémoire, crut devoir mettre
par écrit les principales idées que sa mémoire put lui fournir ; que, dès ce moment,
il forma le projet de quitter M. de Maillebois,
afin de ne point être compromis dans une affaire aussi grave ; qu'en conséquence il écrivit à sa mère, afin qu'elle le rappelât sous un
prétexte qui ne pût donner aucun ombrage
à M. de Maillebois, ou lui laisser entrevoir
que le déclarant étoit instruit de son projet ;
que M. de Maillebois prévint le déclarant qu'il
arriveroit des lettres du chevalier de Bonne,
à l'adresse suivante : *A monsieur de Grand-
Maison, n°. 91, rue Grenelle-Saint-Ger-
main.* Et comme le déclarant connoissoit
l'écriture de ce chevalier, M. de Maillebois
lui recommanda de lui remettre ces lettres
sans les lire ni les ouvrir. Que M. de Maillebois le prévint en outre que ces lettres por-

teroient une indication particulière de deux
étoiles ; que depuis il a vu arriver deux lettres sous cette couverture, qu'il a remises à
M. de Maillebois ; que ses craintes sur les
suites de cette correspondance ont redoublé,
lorsqu'un coup du hasard lui a fait découvrir
que, dans le cours de ces lettres, M. le chevalier de Bonne avoit l'air de les adresser à
lui-même déclarant, en l'appelant par ces
mots, *mon cher Grand-Maison* ; que, depuis
cette découverte, le déclarant chercha tous
les moyens de quitter M. de Maillebois ; qu'il
attendoit pour cet effet un voyage que ce
dernier devoit faire à Paris, voyage qui fut retardé par une attaque de goutte qu'il essuya ;
que ne prévoyant pas le terme où cette goutte
finiroit, le déclarant prit le parti de quitter,
le samedi vingt du courant, le château de
Thuri, où demeuroit à cette époque M. de
Maillebois ; qu'arrivé à Clermont, il pria les
filles de Pierre Bance ; journalier, y demeurant, de se charger des clefs de la chambre
qu'il occupoit au château de Thuri, et d'une
armoire dans laquelle étoit son porte-feuille,
de les faire remettre secrettement au nommé
Lenoir Duclos, valet-de-chambre de M. de
Maillebois, en lui recommandant d'avoir
soin du porte-feuille, dont la clef étoit restée
au déclarant ; qu'il a pris ensuite la route de
Paris, où il est arrivé dimanche dernier ;
qu'il se proposoit d'y attendre M. de Maillebois, de lui déclarer qu'il le quittoit, et ensuite de le prévenir qu'il étoit instruit de son
projet, de l'engager à y renoncer, en le me-

naçant de le dénoncer, s'il n'y renonçoit pas ; que hier, en allant chez madame de Maillebois, il apprit de cette dame que, dimanche dernier, M. de Maillebois ne voyant pas reparoître le déclarant, et ayant su la recommandation faite pour le porte-feuille, avoit eu des soupçons, et en conséquence s'étoit fait remettre le porte-feuille de lui déclarant, en avoit brisé la serrure ; que M. de Maillebois étoit ensuite parti le lundi de grand matin, sans avoir indiqué l'endroit où il alloit, et avoit écrit à madame de Maillebois de ne point remettre à lui déclarant, les lettres qui viendroient sous son nom ; qu'il en avoit vu arriver une qui étoit entre les mains de madame de Maillebois. Ajoute le déclarant, que M. de Saint-Mauris, conseiller au parlement, rue Vivienne, lui avoit remis l'argent nécessaire pour ce voyage ; qu'il étoit dans le secret de cette affaire, ainsi que M. l'ambassadeur de Sardaigne ; que le mémoire d'instruction contenoit, entr'autres choses, ce que lui déclarant a consigné, d'après sa mémoire, dans la note annexée aux présentes, et qu'il a paraphée ; note dans laquelle M. de Maillebois est désigné sous le nom d'un militaire, et M. le chevalier de Bonne sous celui d'un courier. Et ledit sieur Massot nous a positivement déclaré que le patriotisme seul l'a engagé à faire la présente déclaration, et qu'il n'entend en recevoir aucune récompense, quelle qu'en puisse être l'issue, et le déclarant a signé avec nons. Ainsi signé, *Mas-*

sot-Grand'Maison, *Brissot de Warville,*
Garran de Coulon, et *Perron.*

Suit la teneur du précis annexé à la déclaration
précédente.

Précis *du mémoire copié par le sieur Massot-Grand'Maison,*
d'après l'original de M. de Maillebois, qui a été remis sur-
le-champ à M. le chevalier de Bonne.

Le 22 février dernier, il est parti pour Turin un courier chargé de différentes dépêches, entr'autres, d'une
lettre adressée à M. le comte d'Artois, dans laquelle il est
prié de donner croyance et confiance au courier sur les
objets dont il lui fera les propositions.

Voici un résumé très-succinct des principaux articles contenus dans l'instruction du courier.

Un militaire éclairé offre à M. le comte d'Artois ses services pour le faire rentrer en France d'une manière convenable à sa dignité (au cas que le prince n'eût pas d'autres
vûes). Ce militaire, qui croit la chose possible, propose
d'engager le roi de Sardaigne à prêter vingt-cinq mille
hommes de troupes, et à faire une avance de six millions;

D'engager l'Espagne à entrer dans ce projet, soit en fournissant des troupes, ou en faisant une avance de huit millions;

De tâter l'Empereur, pour savoir s'il seroit aussi dans l'intention de fournir des secours de l'une ou de l'autre espèce.

On paroît sûr que les duc des Deux-Ponts, margrave
de Baden, landgrave de Hessen, etc. appuieront de toutes
leurs forces le plan, puisqu'ils sont décidés à soutenir leurs
droits en Alsace.

Cette confédération formée, il est question de fabriquer un
manifeste dans le cabinet du prince, rédigé par MM. Mounier

et Lally-Tollendal, et fondé sur la déclaration du mois de juin (1).

Ce manifeste, après avoir été revu par le militaire, seroit publié avant d'entrer en campagne.

On commenceroit par marcher vers Lyon, où l'on n'espère éprouver que peu de difficultés, par les privilèges qu'on accorderoit d'abord à cette ville pour son commerce.

Un autre corps d'armée seroit dirigé par le Brabant.

Et le troisième marcheroit par la Lorraine.

On compte que ces trois corps d'armée se grossiroient infiniment par tous les gens du parti anti-patriotique.

On gagneroit, par les menées d'agens adroits, et à force d'argent, les troupes qui sont sur les frontières.

Les trois corps d'armée s'avanceroient jusqu'à Corbeil, Senlis et Meaux, désarmeroient, sur leur passage et aux environs, toutes les municipalités, leur feroient prêter serment au roi, et les forceroient à rappeller leurs députés, au cas que les états-généraux tinssent encore leurs séances.

Paris seroit bloqué; et on espère, par ce moyen, faire venir la nation à résipiscence.

Et le trente-un desdits mois et an, est comparu au comité ledit sieur Massot de Grand-Maison, lequel nous a présenté une lettre datée de la Novalèse le vingt-quatre mars, et adressée à lui de Grand-Maison, rue de Grenelle Saint-Germain, n°. 91, qu'il nous a déclaré être de la main du chevalier de Bonne, mentionné en la déclaration ci-jointe, et

31 mars 1790.

Procès-verbal du dépôt d'une lettre de M. Bonne-Savardin, écrite de la Novalèse.

(1) Du 23 juin, publiée à la séance royale.

qu'il nous a déposée après l'avoir paraphée avec nous. Et a signé, *Massot-Grand-Maison, Agier.*

A la Novalèse, le 24 mars.

J'AI *enfin* quitté Turin, mon cher Grand'Maison; mais je suis retenu ici peut-être pour plusieurs jours (1). Il est tombé une si grande quantité de neige sur le mont Cénis, qu'il est impénétrable; les voyageurs s'accumulent ici; il y en a déjà depuis deux jours. Je voudrois bien vous rencontrer à Paris, à mon retour; *j'ai une lettre à vous remettre, et un paquet pour votre ami de la rue du Cherche-Midi* (2); *je crois qu'il sera nécessaire qu'il vous le communique* (3). Je me fais un grand plaisir de vous voir; je serai certainement à Paris vendredi ou samedi-saint; je voudrois vous y voir, ou vous y trouver *chez vous* (4). De vos nouvelles, sinon je m'empresserai d'aller vous chercher, et de vous renouveller le sincère attachement que je vous ai voué.

Au dos est écrit : *A monsieur, monsieur de Grand-Maison, rue de Grenelle Saint-Germain, N°. 91, à Paris.*

_____

(1) Il n'est resté à Turin que seize jours (du 7 au 23 mars), et il écrit: « J'ai *enfin* quitté Turin ». Voyez dans l'interrogatoire, art 144, comment M. Bonne-Savardin explique cette impatience.

(2) Voyez dans l'interrogatoire, art. 90, ce que c'est que *l'ami de la rue du Cherche-midi.* Voyez aussi, art. 91, 92 et 93, ce qu'étoient, suivant M. Bonne-Savardin, les *lettre* et *paquet* dont il est ici question.

(3) Voyez dans l'interrogatoire, art. 111 et 112, pourquoi il étoit nécessaire, selon M. Bonne-Savardin, que le *paquet* fût communiqué à M. Maillebois.

(4) Ces deux mots sont soulignés dans l'original.

Ajoute

(9)

Ajoute le déclarant à sa précédente déclaration les faits qui suivent :

Addition
et amende-
ment à la
déclaration
précédente.

1°. Que M. de Bonne lui a dit, au mois de
février dernier, que M. l'ambassadeur de
Sardaigne se faisoit fort de trouver trente
millions dans Paris. (Il étoit question alors du
projet que M. de Bonne étoit chargé de négocier.)

2°. Que M. de Bonne lui a dit pareillement que la marquise de Cassini se proposoit
d'aller à Chambéry, lorsque le comte de
Maillebois se seroit rendu à Turin ; mais que
lui chevalier de Bonne avoit employé toutes
les raisons possibles pour la dissuader d'un
pareil projet, entr'autres celle-ci, qu'une
pareille démarche nuiroit au comte de Maillebois.

3°. Que le déclarant lui ayant observé que
son projet ne réussiroit pas, et que c'étoit de
l'argent perdu, le chevalier de Bonne lui répondit *que M. le comte d'Artois seroit toujours sensible à cette marque de zèle, et ne
manqueroit pas de la reconnoître, lorsqu'il
reviendroit en France, ce qui arriveroit tôt
ou tard.*

4°. Que le valet-de-chambre du comte de
Maillebois a dit au déclarant, depuis qu'il est
de retour à Paris, que le lundi vingt-deux du
présent mois, jour où le comte de Maillebois
est parti pour la Hollande, au moment où il
faisoit sa toilette, toute sa personne étoit dans
la plus grande agitation; qu'il lui monta un feu
qui du cou se répandit par gradation sur toute
la tête ; qu'il lui prit un tremblement général;

b

que ses dents claquoient, ses lèvres remuoient sans cesse ; qu'il voulut parler, mais ne put rien articuler ; qu'après sa toilette il s'appuya sur sa cheminée, et dit d'un ton douloureux : *Massot..... le cruel homme ! il m'a trahi !*

Observe aussi le déclarant, qu'il s'est trompé dans sa première déclaration, en disant que M. de Bonne lui avoit dit que M. de Saint-Mauris, conseiller au parlement, rue Vivienne, lui avoit remis l'argent nécessaire pour son voyage de Turin ; que M. de Bonne lui avoit dit simplement que c'étoit M. de Saint-Mauris qui avoit fourni aux frais dudit voyage.

Lecture faite, a déclaré persister, et a signé, lesdits jour et an. Signés, *Massot-Grand'-Maison*, *Agier*.

Autorisation au comité pour rendre ces déclarations publiques. Je soussigné, après avoir relu mes déclarations ci-desus, et des autres parts, consens qu'elles soient communiquées par messieurs du comité des recherches, ainsi qu'ils le croiront convenable, et même rendues publiques par la voie de l'impression.

A l'hôtel-de-ville, ce 16 juin mil sept cent quatre-vingt-dix. Signé, *Massot-Grand'-Maison*.

Déclaration de M. Lenoir Duclos.

27 mars 1790. Première déclaration. Le vingt-sept mars mil sept cent quatre-vingt-dix, est comparu au comité, en vertu de notre invitation, M. Marin Lenoir Du-

clos, Bourgeois de Paris, ci-devant valet-
de-chambre-de M. le comte de Maillebois,
demeurant rue des Champs-Elisées, place
de Louis-Quinze, chez M. de la Reynière,
lequel a déclaré, qu'il y a environ trois semaines, M. Massot, secrétaire de mondit
sieur de Maillebois, lui ayant annoncé qu'il
avoit des choses de la dernière importance,
qui l'inquiétoient, après diverses instances
que M. Lenoir fit à M. Massot, ce dernier
lui apprit qu'il paroissoit que M. de Maillebois tramoit une contre-révolution ; que le
sieur Lenoir et le sieur Massot se donnèrent
dès-lors parole mutuelle qu'ils ne resteroient
pas au service de M. de Maillebois ; que, sur
les questions que cette conversation amena,
le sieur Massot ajouta que M. de Maillebois
devoit se concerter avec les puissances étrangères pour faire entrer des troupes en France ;
que lui, sieur Massot, avoit été instruit de ces
faits par un écrit de M. de Maillebois, qui lui
avoit été communiqué par M. le chevalier de
Bonne, avec prière de le copier, à cause de
la difficulté d'en lire l'écriture ; ce que ledit
sieur Massot avoit fait. M. Lenoir ne se rappelle aucun autre détail relatif à cette conversation. Mais depuis, ayant demandé au
sieur Massot, qui s'appelle aussi Grand'Maison, s'il avoit de nouveaux renseignemens
à ce sujet, le sieur Massot lui déclara qu'il
ne savoit rien de nouveau ; que seulement
M. de Maillebois recevoit des lettres à l'a-
dresse de lui Massot, qui étoient distinguées
par deux petites croix ; qu'effectivement le

sieur Duclos ayant vu, sur le lit de M. de Maillebois, une lettre à l'adresse dè M. Grand'-Maison, il voulut la lui porter; mais que M. de Maillebois l'en empêcha, en disant que ces lettres étoient pour lui, et que cela étoit de convention avec le sieur Massot; que les choses avoient resté dans cet état jusqu'à samedi dernier, où le sieur Massot étoit parti pour Paris, à neuf ou dix heures du soir, sans en prévenir le déclarant; que le lendemain dimanche, à midi, le nommé Bans, journalier a Thury, où les faits précédens se sont passés, vint annoncer au déclarant que le sieur Massot l'avoit chargé de prier ledit sieur Lenoir de prendre son porte-feuille; que le même jour, d'après l'indication de ce paysan, ledit sieur Lenoir alla prendre les clefs de la chambre du sieur Massot, dans la maison dudit sieur Bans, aux filles de qui le sieur Massot les avoit remises; que le sieur Lenoir prit effectivement le porte-feuille, et le descendit pour le porter dans sa chambre; mais que M. de Maillebois le lui demanda, ayant été instruit que le sieur Lenoir en étoit chargé, parce que le sieur Bans avoit déclaré, dans la maison, la commission dont le sieur Massot l'avoit chargé; que le sieur Lenoir remit ce porte-feuille à M. de Maillebois; qu'il s'enferma alors avec madame de Cassini; que M. de Maillebois et madame de Cassini demandèrent au déclarant s'il avoit reçu quelques communications de la part du sieur Massot, ce que le déclarant ne voulut point reconnoitre; que le lundi matin, M. de

Maillebois chargea le sieur Lenoir de prévenir madame de Maillebois qu'il alloit coucher
chez un de ses amis, sur une atrocité que le
sieur Massot lui faisoit, sans autre explication ; que seulement il lui demanda s'il le
suivroit, et que le déclarant lui répondit que
non ; que, s'il alloit à Paris, il le suivroit
jusques là, mais non pas ailleurs; que madame de Cassini demanda ensuite plusieurs
fois au déclarant, s'il ne savoit pas pourquoi
le sieur Massot s'en étoit en allé; que M. de
Cassini lui fit aussi les mêmes demandes, à
quoi il répondit toujours qu'il n'en savoit
rien; que M. de Cassini et le déclarant sont
alors partis dans le cabriolet de M. de Cassini, et qu'il lui dit seulement, en le quittant :
« Si vous voyez M. Massot, et qu'il vous dise
» quelque chose, vous passerez chez moi pour
» m'en instruire », et que M. de Cassini ne lui
a rien dit autre chose dont il se rappelle.
Ajoute le déclarant, qu'il a vu depuis le sieur
Massot, qui ne lui a rien appris de nouveau,
et auquel il a fait des reproches d'être parti
sans l'en prévenir, mais qu'il n'a point vu
M. de Cassini. Le déclarant se rappelle d'avoir
vu une seule fois M. de Bonne chez M. de
Maillebois, sans savoir pourquoi il y étoit,
ni ce qu'il y a dit ou fait. Il ajoute, que M. de
Maillebois est parti avec son valet-de-chambre - chirurgien , nommé Perrier, le sieur
Auguste, son laquais, et le sieur Chevalier,
domestique de M. de Cassini; il n'a pas oui
dire qu'aucun d'entr'eux soit revenu. Lecture
faite de ladite déclaration, ledit sieur Duclos

a persisté et signé avec nous. Signé *Marin Lenoir Duclos* et *Garran de Coulon.*

29 mars 1790. Seconde déclaration. Et le vingt-neuf dudit mois de mars, est de nouveau comparu au comité ledit sieur Lenoir Duclos, ci-devant qualifié, lequel a déclaré que c'est par inadvertance qu'il a dit, dans sa précédente déclaration, que, depuis son retour à Paris, il n'avoit point vu M. de Cassini; que la vérité est que, dès le lendemain mardi, ledit sieur de Cassini, chez lequel ledit sieur Lenoir Duclos s'étoit transporté, lui avoit dit que M. de Maillebois étoit parti pour la Hollande, et que, sous quinze jours, il reviendroit à Paris; que ledit sieur Lenoir Duclos avoit eu tort d'abandonner si promptement le service dudit sieur de Maillebois; que la même observation avoit été faite au déclarant, au château de Thury, par madame de Cassini, et que le déclarant leur avoit constamment répondu qu'il ne demeureroit avec M. de Maillebois que dans le cas où il retourneroit à Paris, ayant même ledit sieur Lenoir Duclos, l'intention de sortir alors du service de M. de Maillebois. Ajoute le déclarant, qu'avant son départ du château de Thury, c'est-à-dire trois semaines avant cette époque, le sieur Massot de Grand'Maison, secrétaire de M. de Maillebois, lui avoit dit que l'ambassadeur de Sardaigne et M. de Saint-Mauris, seigneur d'Houdainville, château très-voisin de celui de Thury, devoient fournir de l'argent pour le succès de la contre-révolution imaginée et

projettée par M. de Maillebois, dont acte.
Signés, *Lenoir Duclos* et *Perron*.

Ce jour, dix-huitième juin mil sept cent quatre-vingt-dix, est comparu de nouveau, pardevant le comité, le sieur Lenoir Duclos, qualifié et domicilié dans les déclarations ci-dessus, lequel, après qu'il lui a été fait lec-ture, tant desdites déclarations, que d'un article de la dernière déclaration dudit sieur Massot de Grand'Maison, dans lequel celui-ci rend compte d'un fait important, qu'il dit tenir dudit sieur Lenoir Duclos, a déclaré qu'il est vrai que le lundi vingt-deux mars dernier, étant entré, suivant l'usage, chez M. de Maillebois, entre huit et neuf heures du matin, pour lui donner son chocolat, il l'avoit trouvé *dans une situation qui ne lui étoit pas ordinaire, et paroissant agité;* qu'environ un quart-d'heure après, il a demandé à faire sa toilette, ce qu'il n'avoit coutume de faire que vers l'heure du dîner, et a ordonné que l'on *fît lu vache* pour partir *sur-le-champ,* sans dire où il alloit; qu'au moment où le déclarant se disposoit à le raser, *il se leva précipitamment,* sans rien dire, et sortit de son appartement (le déclarant a su qu'il avoit été chez madame de Cassini); que, revenu un instant après, il a paru au déclarant *beaucoup plus agité;* que le *rouge lui montoit au visage* pendant qu'on le rasoit, et que sa toilette faite, il dit, en s'appuyant sur la tablette de sa cheminée, et en parlant au déclarant : *Massot m'a fait une atrocité,* ce

18 juin
1790.
Addition
aux déclara-
tions précé-
dentes, **et
permission**
de les ren-
dre publi-
ques.

qu'il a depuis répété au déclarant, étant
monté dans sa voiture , et en le chargeant
de rendre ce propos à madame de Maillebois,
ainsi que ledit sieur Lenoir l'a exposé dans
la précédente déclaration ; que c'est-là tout
ce que le déclarant se rappelle , et ce qu'il
croit avoir dit à M. Massot de Grand'Maison.
Persiste au surplus ledit sieur Lenoir dans
ses précédentes déclarations , et n'empêche
que lesdites déclarations, ainsi que la présente addition, soient rendues publiques.
Signés , *Lenoir Duclos* , *Agier* et *Ferron.*

Nº. 2.

AVIS DE TURIN ET DE NICE.

NOTE PRÉLIMINAIRE.

LES lettres suivantes nous ont été communiquées par
messieurs du comité de recherches de l'assemblée nationale.
Elles sont anonymes, et dès-lors nous nous garderons bien
de les présenter comme des preuves ; mais nous rendons
compte au public des motifs qui nous ont déterminés à
voter la dénonciation, et, sous ce rapport, il nous a semblé
que nous pourrions compter pour quelque chose cette cir-
constance remarquable, que, tandis que nous recevions ici,
à la fin de mars, des déclarations sur le projet de contre-
révolution, tramé par M. Maillebois, le comité de recherches

de

de l'assemblée nationale recevoit de son côté des avis de Turin, presque absolument conformes, tant pour le fond que pour les détails. Peut-être, au reste, que ces avis, actuellement non probans, se convertiront en preuves pendant le cours de l'instruction.

Les deux premières lettres sont d'un homme employé à la cour de Turin, et très à portée de tout savoir. On lui avoit écrit au sujet d'une *conférence* qui devoit se tenir (disoit-on) à Rome, entre les réfugiés françois, et dont un membre de l'assemblée nationale, mal informé, s'étoit empressé de faire part à son comité de recherches. L'auteur des deux lettres répond, dans la première, du 12 mars, que cette nouvelle est fausse, mais qu'il peut en attester une autre comme bien certaine; et il parle du projet de contre-révolution de M. Maillebois, dont il expose les particulariéts, à peu près comme l'a fait depuis M. Massot-Grand'Maison.

Dans la seconde lettre, du 27 mars, M. Maillebois est nommément indiqué comme l'auteur du projet.

La troisième a été écrite dans l'intervalle des précédentes, avec lesquelles elle s'accorde complettement; elle est du 23 mars, et a pour auteur, comme le texte même l'annonce, un François très-attaché à la constitution, qui voyageoit en Italie. On voit, par cette lettre, que les démarches de M. Maillebois ou de son envoyé étoient connues en partie dans les cercles de la cour de Turin, et y faisoient l'objet des conversations.

Nous ne donnons qu'un extrait de la quatrième lettre, écrite de Nice : elle est fort longue, et contient des détails intéressans sur la conduite de nos réfugiés; mais le fragment que l'on imprime, est tout ce qu'elle présente de relatif à l'affaire de M. Maillebois.

Première lettre de Turin.

De Turin, ce 12 mars (1).

Je me hâte, mon cher ami, de répondre à votre lettre du premier du courant, en vous assurant que la conférence de Rome, dont vous me parlez, est une fausse nouvelle. M. le comte d'Artois n'a jamais quitté notre ville un instant, ce que je puis vous certifier comme témoin oculaire ; mais ce que je puis vous assurer de science certaine, c'est qu'il est arrivé ici, *depuis quatre jours* (2), une personne de Paris, chargée de présenter un projet à M. le comte d'Artois, pour opérer une contre-révolution. Ce projet ne part pas du roi de France, mais d'une autre personne distinguée dans l'ancienne armée françoise. Pour l'exécution dudit projet, l'on voudroit que M. le comte d'Artois tâchât d'engager le roi de Sardaigne à prendre fait et cause, en fournissant une armée de 25 mille hommes, à partager en trois divisions, dont une entreroit en Dauphiné, par Embrun ; l'autre, par la Savoie,

_____

(1) Il y a, dans la pièce remise au comité, *12 mai* ; mais c'est visiblement une faute du copiste, comme il paroît par la lettre suivante, qui est un développement de celle-ci, et qui porte la date du 27 mars.

(2) M. Bonne-Savardin, suivant son livre journal, et de son aveu, est arrivé à Turin le 7 mars.

dans le Lyonnois; et la troisième, par Nice, dans la Provence. Pour cela, il faudroit que le roi de Sardaigne fournît les 25 mille hommes, cautionnant un emprunt de plusieurs millions; que l'on engageât le roi de Naples de fournir aussi de l'argent, ainsi que l'Espagne. L'auteur du projet espère que les mécontens du Dauphiné, ceux de la Provence et du Languedoc grossiroient l'armée. Au moment que le projet seroit combiné ici, on feroit répandre un manifeste (que l'on engageroit MM. Mounier et Lally-Tollendal à rédiger) en Dauphiné, en Provence, et sur-tout à Lyon, où l'on tâcheroit, par le moyen des aristocrates annoblis, de se faire un parti, et y avoir de l'argent. Une fois assurés de Lyon, on inviteroit le roi à s'y rendre, l'auteur ayant déjà aussi son projet pour que le roi pût se rendre à l'invitation, sans être exposé. En même temps, le projet est aussi d'engager les princes d'Allemagne, qui ont des droits en Alsace, d'y entrer avec une armée d'une dixaine de mille hommes, et avançant ainsi, l'on espéreroit le grossissement des armées combinées par les mécontens, et par l'argent que l'on répandroit pour arriver enfin à assiéger Paris.

Voilà l'extrait succinct du plan, que le hasard le plus extraordinaire a mis sous mes yeux, et que j'ai eu le temps de lire. Je sais que M. le comte d'Artois, dans le premier entretien, a dit *qu'il ne vouloit point d'une guerre civile, et qu'il étoit bien ici; — qu'il vouloit auparavant voir les choses.* Or, bien positivement, il n'a encore donné aucune réponse, et s'il la donne, je la saurai. Ce que je puis vous dire, c'est que tout ce plan me paroît absolument en l'air, et il y manque les bases les plus essentielles, savoir, *l'argent* que l'auteur demande ; et d'ailleurs je ne crois pas que notre cour entre dans un pareil projet. Outre cela, il est certain qu'il faudroit plus de trois mois pour le concerter, et en faire les préparatifs, lesquels ne pourroient être secrets que pour peu de temps, et il seroit bien aisé à la nation de prendre les mesures nécessaires pour opposer des forces suffisantes à toute invasion. Je me sers d'une main étrangère pour ne pas vous compromettre : il faut que vous me mandiez si l'on est sûr du cours des lettres ; car alors, si vous le souhaitez, et que vous le croyiez utile, je vous nommerai l'auteur du projet, je vous donnerai d'autres détails, et je vous tiendrai au courant. M. de C.... est instruit du projet en question.

Seconde lettre de Turin.

Turin, le 27 mars.

L'auteur du projet, est *M. de Maillebois*, *général au service d'Hollande*, *actuellement à Paris*. Il avoit été proposé au roi, par M. d'Ar...., pour commander l'armée, au mois de juillet ; mais le roi étoit déjà décidé pour M. de Broglie.

Il étoit dit, dans le plan formé, que s'il

étoit accepté, on lui auroit fourni deux mille louis ; qu'il se seroit retiré à Genève ; que de-là il auroit envoyé sa démission en Hollande, sur l'assurance que l'on lui auroit donné la place de général au service de Sardaigne, en tout événement que la réussite de l'affaire eût manqué en France. Vous sentez bien que tout cela formoit de grandes difficultés, soit pour l'argent, que pour décider ce gouvernement à lui donner une place de général. Les autres parties du plan n'étoient pas non plus à portée de ce gouvernement, soit parce qu'il n'y avoit pas les 25 mille hommes de troupes, ni l'argent, c'est-à-dire, 4 à 5 millions, ni la disposition au cautionnement. Après beaucoup de pourparler, de conférences entre les princes François et leurs conseils, l'on s'est réduit à renvoyer le porteur du plan, disant que les circonstances n'étoient pas encore assez favorables ; qu'il auroit fallu commencer par s'assurer de l'insurrection de quelques provinces, pour avoir un point fixe, comme la Picardie, l'Artois, le Languedoc, la Provence, (il paroît que les vues sur le Lyonnois n'étoient plus favorables); mais que les démarches pour tâcher de disposer à une insurrection, exigeoient du temps et des ménagemens; qu'en attendant qu'on auroit tâché de se ménager des ressources pécuniaires à Naples, en Espagne, et des secours auprès des princes mécontens d'Allemagne, il falloit, pour le présent, agir par tous les moyens possibles à Paris, pour rap-

procher le roi de M. de Maillebois, lui faire
goûter ses conseils, et, s'il étoit possible,
de le faire entrer au conseil du roi, pour
qu'il pût, petit à petit, diminuer sa confiance
en M. de la Fayette et en M. de Liancourt,
et même tâcher de le conduire au département de la guerre.

Que si ce que dessus n'étoit pas possible,
tâcher au moins de lui faire prendre le service en France, et de lui donner le commandement d'une province, où il pourroit
disposer les choses à une insurrection de
son gré. Ce qui est sûr, c'est que cette cour
n'adoptera jamais aucun projet d'action. On
se tient dans l'inaction pour des affaires ur-
gentes et des plus intéressantes pour le pays ;
jugez si l'on en sortiroit pour une cause
étrangère, dont l'issue seroit infiniment dou-
teuse, et qui ne réussissant pas, seroit la
plus ruineuse pour ce pays. Le point essentiel est de surveiller toutes les démarches
du *fromage hollandois* (1), qui remuera
ciel et terre ; et en tâchant de connoître
toutes ses allures, on pourra aisément connoître les projets qui se formeront à mesure des circonstances. Celui qui a présenté
le projet est *un officier françois* (2), dont je

(1) L'auteur désigne ainsi M. Maillebois, par allusion à
son grade de *général au service de Hollande*. Il le nomme aussi
plus bas, par la même raison, l'*Hollandois*.

(2) Nous n'avons pas la suite de la correspondance, où
ce nom se trouveroit probablement indiqué ; mais, d'après
toutes les données, il est clair que cet *officier françois* ne
peut être que M. Bonne-Savardin.

pourrai vous dire le nom une autre fois. Il est reparti *depuis huit jours* (1). Il y a ici un M. Barthés de Montpellier, frère du médecin, qui est un grand agent, il va et vient en Provence, en Languedoc, pour tâcher de disposer à un parti. Je ne crois pas jusqu'à présent que l'on ait rien d'assez satisfaisant. Le grand espoir est dans la banqueroute qu'ils annoncent comme sûre, tout haut. Je vous le répète; il faut suivre de près l'*Hollandois* dans toutes ses démarches. Comptez sur l'exactitude de ces notions, comme je compte sur votre discrétion, pour n'être pas compromis, et pouvoir continuer à avoir peut-être des notions ultérieures, que je ne manquerai pas de vous donner.

Troisième lettre de Turin.

A Turin le 23 Mars 1790.

Le patriotisme qui m'anime, m'a donné bien des inquiétudes, depuis quinze jours que je suis en cette ville; et ce qui m'afflige, c'est d'être obligé d'en partir demain, sans pouvoir pénétrer plus avant dans les intrigues qui se machinent à la cour de Turin, contre notre chère constitution Françoise.

Il faut donc que vous sachiez par moi

---

(3) Pas tout-à-fait *depuis huit jours*, puisque M. Bonne-Savardin, suivant son livre de raison, est reparti le 23 ; mais la différence n'est pas considérable.

certaines démarches qui ont été faites, *dont*
quelques-unes sont connues dans les cercles
de cour, et d'autres sont tenues secrètes.

Au commencement de ce mois, je ne sais
quel jour, un exprès arrivé de Paris, pré-
senta au comte d'Artois un projet de contre-
révolution en France, combiné par M.^r de
Maillebois, qui se proposoit pour en diriger
l'exécution. On proposoit à ce prince d'engager le Roi de Sardaigne à fournir 25 mille
hommes, une somme de 6 à 7 millions, ou
tout au moins son cautionnement ; on vouloit encore que le comte d'Artois engageât
les rois de Naples et d'Espagne à concou-
rir pour un subside d'argent, et le plutôt
possible, pour commencer dans deux mois
l'exécution du projet.

On devoit former de ces 25 mille hommes,
trois divisions, dont une entreroit en Dauphiné, par Embrun ; la seconde, dans le
Lyonnois, par la Savoie ; la troisième, en
Provence, par Nice. On se faisoit fort d'engager MM. Mounier et Lally - Tollendal,
qu'on disoit y être tout disposés, à rédiger un
manifeste propre à faire une grande impression sur les peuples, sous couleur d'exciter
leur amour pour la personne du roi, et dont
le moindre effet seroit de les jetter dans l'incertitude sur la légitimité et l'utilité de la
nouvelle constitution.

On y disoit que l'armée se grossiroit chemin faisant, par tous les mécontens du Dauphiné, du Lyonnois et de la Provence ; que
pour y parvenir plus promptement, on avoit
un

un certain nombre de gens affidés, qui agiroient clandestinement, et distribueroient à propos de l'argent, soit au peuple, soit aux troupes d'ordonnance. Que les armées ainsi grossies, s'avanceroient vers le point central, qui seroit la ville de Lyon, où, sans beaucoup de difficultés, un parti qui y est déjà très nombreux, et qui attend le moment favorable, s'augmenteroit bientôt avec de l'argent, malgré l'échec que ce parti y avoit reçu au commencement de février.

Que pour lors on prendroit des moyens assurés d'engager le roi à se rendre à Lyon ; que ce plan est formé à son insu, et qu'il est nécessaire de le lui laisser ignorer, jusqu'à l'époque où son voyage seroit possible.

Ce sc..... de Maillebois offroit de se rendre à Genève, et d'envoyer de-là à la république de Hollande, la démission de sa place et de son gouvernement de Breda ; mais il vouloit qu'on lui assurât pour compensation un service à Turin. Mais les choses ici ne se décident pas si promptement.

Le comte d'Artois répondit d'abord à la personne qui apportoit le plan, et qui étoit chargée de le négocier, qu'il ne vouloit entrer dans aucun projet qui auroit sa base dans une guerre civile ; qu'il étoit bien à Turin, et qu'il y attendoit le résultat des événemens ; que cependant il prendroit le projet en considération.

Le plan du comte de Maillebois n'a pas été adopté pour le présent, parce que l'on n'a pas jugé les circonstances favorables :

d

d'ailleurs, ce monstre exigeoit en outre quelques mille louis comptant pour son déplacement, ce qui étoit une difficulté, et le cautionnement de plusieurs millions en étoit bien une plus grande encore.

On a répondu finalement à l'envoyé, qu'il auroit fallu commencer par disposer les choses dans quelques provinces à une insurrection, *et la conduire à l'éclat* (1); que pour lors, peut-être, on auroit pu agir; que d'ailleurs il faudroit beaucoup de temps pour négocier et obtenir les secours Napolitains, Espagnols et Allemands; ce qui n'est point encore avancé, quoiqu'on y travaille, et qu'on ne désespère pas de quelque réussite. L'exprès est reparti, et voici les moyens qu'on lui a mis en avant.

C'est de trouver le moyen de faire rapprocher du roi et de la cour de France M. de Maillebois; de déterminer le roi et les Parisiens, par des cabales bien combinées, à le porter à la place de M. de la Fayette, qu'on tâcheroit de rendre suspect au roi; car ici on en veut beaucoup à M. de la Fayette, et on voudroit au moins lui faire ôter le commandement général. Que si on ne peut élever par cette voie M. de Maillebois, on pourroit faire en sorte de lui procurer le ministère de la guerre, ou le commandement d'une principale province, dont on formeroit les garnisons avec des troupes que l'on pût, peu à peu, et moyennant de l'argent, attacher au parti. Qu'en attendant on prépareroit les

_____

(1) Mots soulignés dans l'original.

secours du dehors, pour venir à l'appui de l'insurrection interne.

On voudroit aussi éloigner des affaires étrangères M. de Montmorin, dont on ne peut rien espérer, et qu'on ne négligeât rien pour ôter au roi la confiance qu'il paroît avoir dans M. de Liancourt. On espère aussi que le départ de M. Necker pour les eaux, avant que le public soit tranquillisé sur les finances, pourra favoriser la contre-révolution. L'on recommande de maintenir, le plus qu'il sera possible, l'inquiétude sur les finances, et la défiance sur les opérations de l'assemblée à cet égard ; car on compte beaucoup sur un discrédit prolongé.

Tout ce plan paroît bien vague, mais il prouve au moins que les projets de contre-révolution ne sont point imaginaires. Ah ! qu'il seroit bien important qu'on pût surveiller de près toutes les actions et démarches du comte de Maillebois ! .

Ce n'est pas tout ; il y a ici d'autres personnes qui vont et viennent ; entr'autres un M. Barthés, frère d'un médecin, qui est, je crois, chancellier de l'université de Montpellier, et qui fit, il y a quelques années, un peu de bruit à Versailles, par son adroit charlatanisme auprès des grands. C'est son frère qui va et vient d'ici en Languedoc, et du Languedoc ici. Il est à Turin en ce moment (1). On dit qu'il a apporté de Mont-

_____

(1) On dit qu'il a apporté de Montpellier, au prince, de grosses sommes d'argent pour l'entretien de sa maison. (*Cette note est dans l'original*).

pellier, au prince, de grosses sommes d'argent pour l'entretien de sa maison ; mais je vous le répète, le point essentiel est de tenir les yeux ouverts sur ce Maillebois, qui est très-actif, comme vous le savez, et dont la bassesse d'ame et l'avidité sont assez connues.

C'est avec regret que, me trouvant à portée d'être instruit de la suite de ces mouvemens, je ne puis cependant rester un jour de plus en Piémont. Si j'ai quelque séjour dans l'une ou l'autre ville d'Italie, je vous donnerai de mes nouvelles ; mais comptez sur les avis que je vous donne aujourd'hui, et qui sont bien sûrs.

Billet d'envoi au comité des recherches, de la lettre précédente.

Je communique au comité des recherches une lettre qui m'a été écrite de Turin par un de mes amis, bien digne de foi, mais qui ne veut, non plus que moi, déposer comme témoin ou comme délateur. Ce n'est donc que pour mettre le comité sur la voie, s'il en est besoin, que je lui en envoie copie.

Paris, le 31 mars 1790.

Extrait d'une lettre de Nice, du 19 avril 1790.

Il y a quelque temps qu'au retour des seigneurs couriers à Turin, *on entendoit confusément le nom de Maillebois dans leurs chuchotages;* les nouvelles d'un plan nous développent l'énigme.

---

(1) L'auteur appelle ainsi nos réfugiés, ci-devant gentils-hommes, qui vont et viennent sans cesse de Nice à Turin, et de Turin à Nice.

N°. 3.

PROCÈS - VERBAUX et délibérations du conseil - général de la commune du Pont de Beauvoisin, lors de l'arrestation de M. Bonne-Savardin, et pièces y annexées.

Extrait des registres de la municipalité de la ville du Pont de Beauvoisin.

Du samedi premier mai mil sept cent quatre-vingt-dix, dans la salle de la maison commune au Pont de Beauvoisin, sur les sept heures du matin, le conseil-général de la commune assemblé aux formes ordinaires, savoir, M. Dufraisne, maire, MM. Berlioz, Buquin, Chevalier et Pravaz cadet, officiers municipaux, MM. Condamin père, Court, Pravaz l'aîné, Berthet cadet, Berthet, notaire, Louis Pariot, Nicolas Durand, Benoît Lanet, et Paul Monavon, notables.

Le procureur de la commune a dit : MM. je m'empresse de vous dénoncer qu'hier, sur les dix heures et demie du soir, il est arrivé en poste, dans une voiture conduite par le postillon Rey du Gaz, deux étrangers, dont l'un a mis pied à terre au fauxbourg, *et a cherché à éviter d'être vu et reconnu par la*

Dire du procureur de la commune, contenant récit de l'arrestation de M. Bonne - Savardin, et délibération du conseil-général, prise en conséquence. — Observation faite par le maire de Pont-Beauvoisin.

garde nationale de poste à la maison de ville, et s'est rendu à la barrière du royaume, qui, à cette heure, étoit fermée. Là, il a voulu se faire ouvrir la barrière au sergent d'invalides de garde, *en lui disant qu'il étoit aide-de-camp de M. de la Fayette ;* qu'il vouloit passer en Savoie ; que sa voiture étoit au devant de l'hôtel-de-ville avec son passe-port, et qu'elle alloit passer à l'instant.

Pendant que le sergent de garde lui refusoit d'ouvrir, la voiture dans laquelle étoit resté l'autre étranger est parvenue au poste de l'hôtel-de-ville, où la sentinelle l'a arrêté, en demandant le passe-port qui a été exhibé ; et, par sa lecture, on a connu que ce passe-port étoit donné à M. le chevalier de Savardin, sujet du roi de Sardaigne, allant en Savoie, sa patrie, avec son domestique, signé par le marquis de Cordon, ambassadeur de Sa Majesté Sarde auprès du roi, daté à Paris le premier avril 1790. A peine le vû a été mis sur ledit passe-port, que le sieur Permezel, citoyen de garde, entendant nommer le nom de Savardin, s'est rappellé que le nom de Savardin étoit un surnom du chevalier de Bonne, dénoncé dans tous les papiers publics pour être un des coopérateurs d'un projet de contre-révolution et de conspiration contre l'état, laquelle conspiration a été dénoncée au châtelet par le comité des recherches de la commune de Paris (1). Sur cette

_____

(1) C'est une erreur ; la dénonciation n'existoit pas alors.

observation, ledit Permezel voyant que la personne qui étoit dans la voiture ne s'annonçoit que pour être le domestique dudit chevalier de Bonne, s'est transporté jusqu'à la barrière, où il a trouvé ledit chevalier de Bonne, qui demandoit au sergent de garde du poste des Invalides de lui ouvrir la porte pour passer en Savoie.

Le chevalier de Bonne a été requis par le sieur Permezel de se rendre à l'hôtel-de-ville, où étoit le poste de la garde nationale. Le chevalier de Bonne s'y est rendu ; alors le comparant, instruit de l'arrivée du chevalier de Bonne à l'hôtel-de-ville, s'y est rendu avec M. Berlioz, premier officier municipal, remplaçant M. le maire ; le sieur Chevalier, officier municipal, le sieur Drevon, colonel de la garde nationale, s'y sont rendus pareillement, la brigade de cavaliers de maréchaussée et plusieurs autres citoyens.

Le comparant, en sa qualité, a requis que ledit chevalier de Bonne fût arrêté provisoirement avec son domestique ; que tous les effets qu'ils avoient sur eux, ainsi que sur la voiture et dans icelle, fussent mis sous les scellés ; ce qui a été fait en présence dudit chevalier de Bonne, et qui en a signé l'état ; il a été fait verbal du rapport fait par le postillon Rey, en présence dudit chevalier de Bonne et de son domestique ; tous les effets ont été mis dans quatre sacs cachetés du cachet du chevalier de Bonne, et ont été laissés, ainsi qu'une vache aussi cachetée, et deux pistolets à la consigne de la garde ;

deux pendules ont été confiées au comparant. Le chevalier de Bonne a été consigné avec son domestique dans une chambre de l'auberge des trois Couronnes, à la garde et vigilance de la maréchaussée et de la garde nationale.

Les choses en cet état, le comparant considérant qu'il est très-important de s'assurer de la personne dudit chevalier de Bonne, dénoncé publiquement comme coopérateur d'une conspiration contre l'état, venant d'être instruit actuellement que, dans la semaine d'après Pâques, deux personnes arrivèrent de Paris (1) en cette ville avec une commission secrette pour arrêter le chevalier de Bonne avec ses papiers.

Considérant encore que le chevalier de Bonne est porteur d'un passe-port sous le nom de chevalier de Savardin, daté du premier avril, délivré par l'ambassadeur d'une puissance étrangère; que, pour se faciliter son évasion en Savoie, ledit chevalier de Bonne a mis pied à terre dans le fauxbourg de cette ville, qu'il s'est glissé, à la faveur de la nuit, jusqu'à parvenir à la barrière du royaume, qu'il a cherché à se faire ouvrir sans ordre, se disant l'aide de camp de M. de la Fayette.

Par ces motifs, le comparant estime que ledit chevalier de Bonne doit être gardé à vue avec toutes les précautions nécessaires

(1) Voyez ci-après le récit du maire du pont de Beauvoisin.

pour

pour s'assurer de sa personne et de celle de
son domestique, jusqu'à ce que, sur le rapport qui sera fait immédiatement au comité
des recherches de l'assemblée nationale et à
celui de la commune de Paris, il ait été statué sur leur sort; qu'en ce moment il est instant d'entendre le rapport du sieur Morel,
sergent d'Invalides, à qui le chevalier de
Bonne a demandé l'ouverture de la barrière
sous sa prétendue qualité d'aide de camp de
M. le marquis de la Fayette, ainsi que la
déposition de toutes autres personnes qui
auront des instructions à donner, et que de
suite il doit être procédé à la vérification de
tous les effets, papiers dudit chevalier et de
son domestique, en leur présence; du tout
desser procès-verbal. Sur quoi le comparant
requiert acte, et que le conseil ait à délibérer
ce qu'il appartiendra. Signé, *Bossieu* cadet,
procureur de la commune.

Le conseil général, oui lecture de la comparution et requisition du procureur de la
commune, la matière mise en délibération,
a arrêté que ses requisitions seront exécutées
en leur entier; en conséquence, M. le chevalier de Bonne, dénoncé dans les papiers
publics comme coopérateur d'une conspiration contre l'état, sera gardé à vue et consigné à la garde et diligence, tant de la maréchaussée que de la garde nationale de cette
ville, conjointement avec le domestique dudit chevalier de Bonne, jusqu'à ce qu'autrement soit pourvu; qu'il sera, sans délai,
donné communication de leur arrestation au

e

comité des recherches de l'assemblée natio‑
nale, à celui de la commune de Paris, pour,
sur leur diligence, être statué sur le sort des
prévenus ; que le sieur Morel, sergent d'In‑
valides, et toutes autres personnes qui au‑
roient des instructions, seront ouis en leurs
rapports, à la diligence et en présence du
procureur de la commune; qu'il sera immé‑
diatement procédé à une visite scrupuleuse
de tous les effets trouvés sur les personnes
et dans la voiture dudit chevalier de Bonne
et son domestique, en leur présence; que,
dans le cas où, parmi les papiers et effets qui
seront visités, il se trouveroit des papiers ou
autre chose qui auroit trait ou rapport à une
conspiration et correspondance illicite con‑
tre l'état, ou qui pourroit fournir quelques
indices, lesdits papiers et effets suspects se‑
ront déposés sur le bureau, paraphés *ne va‑
rietur*, par M. le maire et son lieutenant ; et
ledit chevalier de Bonne et son domestique
seront également requis de parapher, s'ils le
veulent, les pièces suspectes ; et il sera déli‑
béré ensuite sur ce qu'il conviendra de faire
desdites pieces suspectes, et dressé procès‑
verbal de ladite visite.

Le maire a dit qu'il n'a été informé de la
détention de M. le chevalier de Bonne que
sur environ les six heures du matin de ce
jour; dans ce moment il a déclaré avoir vu,
il y a environ un mois, un ordre d'arrêter
ledit sieur Bonne et les papiers qu'il pouvoit
avoir sur lui. Cet ordre, en effet, signé de
M. le marquis de la Fayette, autant qu'il peut

s'en ressouvenir, lui avoit été communiqué
secrètement par les personnes arrivées ici
exprès de Paris, le 4 du mois d'avril, et dont
il ne peut se rappeler les noms ni les qualités. M. Berlioz, lieutenant de la mairie, en
eut alors connoissance ; mais le bruit s'étant
répandu aujourd'hui que ledit sieur chevalier
de Bonne avoit été arrêté sur les ordres qu'en
avoit le maire, ce qui n'est point exact,
c'est pour éclairer et pour établir les faits
dans leur simple vérité, que le maire fait son
présent rapport et a signé. Signé, *Dufraine*.

De tout quoi, le conseil général de la commune a fait acte, et a signé avec le procureur de la commune et le secrétaire. Signés
à l'original, Berlioz l'aîné, Buquin, officier
municipal, Chevalier, officier municipal,
Court, notable, Pariot, idem, Condamin,
idem, Pravaz, idem, Blanet, idem, Berthet, idem, Durand, idem, Berthet, idem,
Monavon, idem, Pravaz, officier municipal, Boissieu cadet, procureur de la commune, Dufraine, maire, et Permezel, secrétaire.

Procès-verbal de visite des papiers et effets
de M. Bonne-Savardin.

Du susdit jour, premier mai mil sept quatre-vingt-dix, sur les deux heures de relevée, au pont de Beauvoisin, le conseil gé-

néral de la commune, assemblé aux formes ordinaires, écrivant le secrétaire de la municipalité.

Se sont assemblés, savoir, M. Henri Dufraine, maire, M. Christophe Berlioz, lieutenant de la mairie, MM. François Buquin, Jean Chevalier et Gabriel Pravaz, officiers municipaux, M. Etienne Boissieux cadet, procureur de la commune, MM. Pierre Condamin, François Berthet, Louis Pariot, Antoine Berthet, notaire, Benoît Lanet, Paul Monavon, Nicolas Durand et Thomas Court, notables.

En exécution de l'arrêté du conseil général de ce jour, M. le chevalier de Bonne et Joseph Meis, son domestique, ont été mandés de comparoître pardevant le conseil, pour assister à la visite qui va être faite de tous leurs effets, conformément à l'arrêté de ce jour; et à l'instant, le sieur Bertrand de Bonne, chevalier de Saint-Louis, lieutenant colonel d'infanterie, au service d'Hollande, natif des Echelles, en Savoie, âgé d'environ quarante ans, et Joseph Meis, son domestique, natif de Blamont, en Lorraine, âgé d'environ quarante-cinq ans, sont comparus dans la salle du conseil, et il leur a été à chacun déclaré qu'il va être procédé en leur présence à la visite et vérification de tous leurs effets, sur lesquels les scellés furent apposés dans la nuit précédente; et ils ont été requis de faire telles observations et réquisitions qu'ils aviseront. Interpellation faite à M. le chevalier de Bonne de reconnoître si les cachets apposés sur les deux sacs qui furent cachetés dans la chambre de l'auberge sont sains et entiers, le sieur chevalier de Bonne a déclaré reconnoître ses cachets apposés sur les liens desdits deux sacs pour être sains et entiers.

Visite faite scrupuleusement des effets contenus dans lesdits deux sacs, il ne s'y est rien trouvé de suspect.

Interpellé le sieur chevalier de Bonne de reconnoître si le cachet apposé sur le premier des sacs contient huit paquets déposés en l'hôtel-de-ville à l'officier de garde, se trouve sain et entier, ledit sieur chevalier ayant vérifié, a répondu que oui.

Ouverture faite de ce sac, a été procédé à la visite, 1°. d'un paquet de chapeaux sous le n°. 8, où il ne s'y est rien trouvé de suspect.

2°. Ouverture faite d'un paquet couvert de toile cirée noire, cachetée, et le sieur chevalier de Bonne a reconnu le cachet entier; il ne s'est trouvé, dans ledit paquet, que de la vaiselle platte et autre argenterie, et rien de suspect; ladite argenterie étant marquée aux armoiries dudit sieur chevalier de Bonne, portant le champ de gueule au lion d'or, au chef cousu d'azur, chargé d'une tour et de deux roses d'argent.

3°. Ouverture faite d'une petite caisse bois de hêtre, cachetée, le cachet a été reconnu sain et entier par ledit chevalier de Bonne; il ne s'y est rien trouvé de suspect.

4°. Ouverture faite d'un nécessaire fermant à clé et cacheté, le cachet reconnu sain et entier par ledit sieur chevalier de Bonne, il ne s'y est rien trouvé de suspect.

3°. Ouverture a été faite d'un petit paquet, enveloppé d'une chemise, ficelé et cacheté ; le cachet a été reconnu sain et entier par M. le chevalier de Bonne, et il ne s'y est rien trouvé de suspect.

6°. La première valise de cuir roux, sur laquelle étoit apposé le cachet, qui a été reconnu sain et entier par le sieur chevalier de Bonne ; l'ouverture en a été faite, et il ne s'y est rien trouvé de suspect.

7°. La seconde valise en cuir noir, sur laquelle étoit aussi apposé le cachet, que ledit sieur chevalier de Bonne a reconnu sain et entier ; l'ouverture en a été faite, et il ne s'y est rien trouvé de suspect.

8°. Il a été fait la visite, pièce par pièce, d'un porte-feuille cacheté, dont le cachet a été reconnu sain et entier par le sieur chevalier de Bonne ; et vérification faite, il ne s'y est trouvé aucun papier suspect. Les huit articles ci-dessus formoient tout le contenu au premier sac.

De suite le sieur chevalier de Bonne a été interpellé de vérifier si le cachet apposé sur le second sac étoit sain et entier ; a répondu que oui. Vérification faite, en sa présence, d'une caisse couverte de toile cirée, de deux coussins de voiture, et d'une selle de cheval, formant les trois premiers articles, il ne s'y est rien trouvé de suspect.

Vérification faite du quatriéme article, qui est un petit porte-feuille, enveloppé d'un papier cacheté, et dont ledit sieur chevalier de Bonne a reconnu le cachet sain et entier, il s'y est trouvé *différentes pièces relatives à la dénonciation faite par le comité des recherches, lesquelles pièces ont été mises à part, et seront ci-après désignées, numérotées et paraphées.*

9°. A été fait l'ouverture de la vache qui étoit au-dessus de la voiture, qui étoit fermée par une chaîne, au bout de laquelle étoit un cadenas, et cachetée; le sieur chevalier de Bonne a reconnu le cachet sain et entier. Vérification faite de ladite vache, il n'y a rien été trouvé de suspect, qu'*un livre de raison, qui sera ci-après numéroté et paraphé, conjointement avec les autres papiers mis en réserve.*

10°. Il a été ouvert un petit paquet ficelé et cacheté, contenant une petite pendule. Le sieur chevalier de Bonne ayant reconnu le cachet sain et entier, la vérification en a été faite, ainsi que d'une autre plus grande, lesquelles avoient été remises à M. Boissieu, procureur de la commune, après la rédaction du procès verbal qui en a été dressé dans la nuit dernière; et vérification faite d'icelles, ne renfermant rien de suspect, elles ont été placées dans la vache, et mondit sieur Boissieu en a été déchargé.

11°. Ont été représentés deux pistolets; et d'après la vérification qui en a été faite, ne renfermant rien de suspect, ils ont été fermés dans la vache.

12°. La clôture dudit sieur chevalier de Bonne, gardé à vue, depuis son arrivée jusqu'à ce moment, a été vérifiée; mais il n'y a rien été trouvé de suspect.

De suite il a été procédé à la description, numéro et paraphe des pièces mises en réserve. Le conseil a interpellé le sieur chevalier de Bonne de parapher lesdites pièces mises en réserve; a répondu qu'il le regardoit fort inutile, et a refusé de le faire. Elles l'ont été de suite par M. Berlioz, lieutenant de la mairie, en commençant par le *livre de raison dudit sieur de Bonne* (1), *dans lequel livre le conseil a remarqué qu'aux fol. 37, 58, 59 et 40, se trouvent portés, jour par jour, les différens voyages dudit sieur chevalier de Bonne à Thury, chez M. de Maillebois; son voyage à Turin, son séjour en ladite ville; les visites qu'il a faites au comte d'Artois, au prince de Condé et à l'ambassadeur de France, et à d'autres seigneurs; l'itinéraire de son retour en France.*

Ce livre de raison se trouve composé de quatre-vingt-six feuillets. Les trente-quatre prémiers sont presque tous écrits en entier; le trente-cinquième est en blanc; les cinq suivans sont presqu'écrits tout entiers. Depuis le n°. 41 jusqu'à celui 75 inclusivement,

_____

(1) Voyez ci-après, n°. 8, plusieurs extraits de ce livre de raison.

les

les feuillets sont en blanc ; les nᵒˢ. 76, 77, et commencement de 78, sont écrits ; les deux suivans sont en blanc. Depuis le nᵒ. 81, jusqu'au dernier 86 inclusivement, lesdits feuillets sont écrits presqu'en entier. Ils ont tous été cotés et paraphés, comme a été dit ci-devant. Il a été trouvé, dans ledit livre, cinq feuilles détachées (1), qui ont été également numérotées et paraphées, et laissées à la fin dudit livre.

1ᵒ. De suite il a été procédé à la description des autres pièces détachées, mises en réserve ; savoir, un passe-port de la ville de Paris, du 8 octobre dernier, paraphé et coté de nᵒ. 6.

2ᵒ. Un passe-port, signé par le comte d'Hauteville à Turin, le 22 mars dernier, accordé à M. le chevalier de Bonne, officier au service de France, paraphé et coté de nᵒ. 7.

3ᵒ. Autre passe-port du comte de Durfort, donné à Grenoble le 28 mars dernier, accordé au susdit, paraphé et coté de nᵒ. 8.

4ᵒ. Autre passe-port de l'ambassadeur de Sardaigne à Paris, signé à Paris le premier avril dernier, accordé au sieur chevalier de Savardin, paraphé et coté de nᵒ. 9.

5ᵒ. Passe-port, signé par le baron de Kleninberg, le 16 avril dernier, accordé au même, paraphé et coté de nᵒ. 10.

6ᵒ. Autre passe-port accordé au même par

(1) Voyez ci-après, sous le nᵒ. 10, les deux pièces cotées 4 et 5 ; les trois autres nous paroissent inutiles.

M. de Balnelrode, commandant de Malines, le 21 avril dernier, paraphé et coté de n°. 11 (1).

7°. Lettre du baron de Kleninberg, datée de Malines le 5 avril dernier, adressée audit sieur chevalier de Bonne-Savardin, paraphée et cotée de n°. 12.

8°. Autre lettre, signée par le chevalier de Revel, datée de la Haie le 9 avril dernier, adressée au même, au gouvernement à Breda, paraphée et cotée de n°. 13.

9°. Petit billet renfermé dans une enveloppe, sans date, adresse ni signature, paraphé et coté de n°. 14, ainsi que l'enveloppe (2).

10°. Autre lettre, datée jeudi 15, *dont la signature n'a pu se déchiffrer* (3), adressée à M. le chevalier Bonne, à Anvers, paraphée et cotée de n°. 15.

11°. Lettre adressée *à M. Mounier;* ladite lettre, cachetée avec un pain rouge, a été décachetée : elle se trouve sous la date du 27 avril. *Cette lettre fut déchirée en partie,*

----

(1) Voyez tous ces passe-ports réunis ci-après, sous le n°. 9.

(2) Cette pièce, et les deux précédentes, nous ont paru inutiles.

(3) C'est la lettre de M. Maillebois, du jeudi 18 avril, signée simplement des lettres initiales de son nom (le C. de M.), entrelacées les unes dans les autres, ce qui rend la signature un peu difficile à lire. Voyez ci-après cette lettre n°. 6, ainsi que les deux suivantes.

la nuit dernière, par le sieur chevalier de Bonne, pendant qu'on recueilloit et renfermoit ses effets. Elle a été cotée et paraphée de n°. 16.

12°. Lettre dans une enveloppe, adressée à M. le chevalier de Bonne, cour des princes. Cette lettre est sans signature, datée du 5 avril dernier. Elle fut également commencée à déchirer par le sieur chevalier de Bonne, la nuit dernière. Elle a été paraphée, ainsi que l'enveloppe, et cotée de n°. 17.

13°. Lettre d'invitation (1), adressée au sieur chevalier de Bonne, à l'arsenal, par l'ambassadeur et l'ambassadrice de Sardaigne, datée du 12 janvier dernier, paraphée et cotée de n°. 18.

14°. Lettre adressée à M. le chevalier de Bonne, à Paris, signée Broglie, prince de Revel, datée de Luxembourg le 51 août dernier, paraphée et cotée de n°. 19 (2).

15°. Ordre du roi (3), daté de Versailles le 15 avril 1773, signé Louis, et plus bas, Phelypeaux, concernant le sieur Bonne-Savardin, paraphée et cotée de n°. 20.

16°. Mémoire du sieur chevalier de Bonne (4), paraphé et coté de n°. 21.

(1) C'est un billet d'invitation à dîner, que nous supp r mons comme inutile.

(2) Cette lettre est inutile.

(3) Voyez ci-après, n°. 11.

(4) Voyez ci-après, n°. 11.

f 2

17º. Itinéraire de voyage (1), paraphé et coté de nº. 22.

17º. *bis.* Mémoire sans signature, daté Breda, le 11 avril dernier (2), paraphé et coté de nº. 23.

18º. Mémoire, daté du 10 mars (3), paraphé et coté de nº. 24.

19º. Six extraits - baptistaires de Saint-Bertrand Bonne de Savardin (4), paraphés et cotés chacun de nº. 25.

20º. Extrait de mariage (5), paraphé et coté de nº. 26.

21º. Billet de présentation (6) de M. le chevalier de Bonne et de M. l'abbé de Bonne, son frère, chez LL. AA. RR. les ducs de Génevois et comte de Morienne, pour le dimanche 14, paraphé et coté de nº. 27.

---

(1) Pièce inutile; c'est l'itinéraire d'un ancien voyage de M. Bonne-Savardin, de Paris à Metz, où il a servi comme aide-camp du maréchal de Broglie, lors du camp qui y a été assemblé.

(2) C'est un mémoire dressé par M. Bonne-Savardin, lors des premiers bruits de son affaire, pour en rendre compte à sa façon. Nous l'omettons comme inutile.

(3) Ce n'est point un mémoire, mais une simple note d'un bruit politique dont M. Bonne-Savardin, pour lors à Turin, vouloit entretenir M. Maillebois. Cette lettre se retrouve en substance dans un papier imprimé ci-après, nº. 10.

(4) Voyez ci-après, nº. 11.

(5) Voyez ci-après, nº. 11.

(6) Voyez ci-après, nº. 10.

22°. Vingt-huit billets ou cartes de visites (1), renfermés dans un billet de visite,
en papier, paraphé sur ce dernier, et coté
de n°. 28.

23°. Ordre des postes, signé Thesaire, à
Grenoble, le 29 mars 1790 (2), paraphé et
coté de n°. 29.

24°. Ordre des postes, donné à Paris le
27 avril dernier, sous le nom de M. le baron
d'Ogny, pour M. le M... de Saint-Marc (3),
lequel billet a été déchiré par le sieur chevalier de Bonne, en quatre pièces, cejourd'hui;
lesquelles pièces ont été chacune paraphées
et cotées pareillement de n°. 30.

Toutes lesquelles pièces ci-dessus, formant
la totalité des papiers que le conseil a distin-
gué avoir relation à la dénonciation du comité des recherches. Le conseil a fait renfermer tous lesdits papiers, avec le livre de raison, en un paquet, enveloppés de papiers,
sur laquelle enveloppe a été apposé le sceau
de la municipalité. Le sieur chevalier de
Bonne a été interpellé d'apposer son cachet
sur ladite enveloppe; ce qu'il a refusé de faire.
Il a été remis et laissé à la disposition du sieur
chevalier de Bonne, tous ses effets renfermés dans la vache, ceux dans le porte-man-
teau ou valises; et le conseil a retenu, 1°. le

(1) Voyez ci-après, n°. 10.
(2) Voyez ci-après, n°. 9.
(3) *Pour M. le marquis de Saint-Marc.* Voyez ci-après,
n°. 9.

paquet ci-devant scellé ; 2°. le nécessaire ; 3°. le paquet de toile cirée, contenant de l'argenterie ; 4°. une paire de pistolets : le tout quoi a été mis dans une sache, liée d'une ficelle, sur le nœud de laquelle a été apposé le sceau de la municipalité. Le sieur chevalier de Bonne ayant été interpellé d'y apposer le sien, a refusé. Cette sache a été transportée dans la chambre de l'auberge, où couche le sieur chevalier de Bonne, et a été confiée à la garde de la maréchaussée et de la garde-nationale : le paquet de papier est resté en dépôt aux archives de la municipalité. Le conseil s'est ajourné à demain pour décider et délibérer ce qu'il appartiendra ; ordonne que, provisoirement, ledit chevalier sera gardé à vue, avec son domestique, par la brigade de maréchaussée et la garde-nationale ; de tout quoi a été fait acte. Le sieur chevalier de Bonne a été interpellé de signer, et a déclaré ne le faire que pour la décharge des effets qui lui ont été remis, et proteste pour tout le surplus ; et ont tous les membres du conseil signé avec le secrétaire.

Je déclare avoir reçu la portion de mes effets énoncés dans le présent procès-verbal, le reste reste sous le scellé et la garde de la municipalité, protestant au surplus contre tout ce qui a été fait tant, contre ma personne, que ce qui m'appartient, étant sous la sauve-garde du roi de Sardaigne, mon maître, puisque j'étois muni d'un passe-port de son ambassadeur près de sa majesté le roi des François, en date du 1er avril 1790,

valable pour trois mois, resté entre les mains
de messieurs de la municipalité; ledit passe-
port sous le nom de chevalier de Savardin.
Signé à l'original, *le chevalier de Savardin.*

Le conseil a signé, sans entendre donner
aucune approbation aux protestations ci-
dessus. Signé à l'original , *Berlioz* l'aîné ;
L. M. Buquin, officier municipal; *Chevalier*,
idem ; *P. Maguin*, idem ; *G. Pravas*, idem ;
Pravas , notable ; *Court*, idem ; *Pariot*,
idem ; *Condamin*, idem ; *Blanct*, idem ;
Monavois, idem ; *Bertel*, idem ; *Durand*,
idem ; *Bertel*, idem ; *Boissieu* cadet , procureur de la commune ; *Dufraines. Permezel*,
secrétaire.

Arrêté définitif pris par la commune de Pont-Beauvoisin.

Du dimanche , deux mai mil sept cent
quatre-vingt-dix, en la salle de la maison
commune, au Pont de Beauvoisin, sur les
deux heures de relevée, le conseil général
de la commune assemblé aux formes ordinaires , ensuite du renvoi de la séance du
jour d'hier, convoqué dès ce moment par
monsieur le maire à la présente heure, pardevant nous Christophe Berlion, lieutenant
de la mairie , en l'absence de monsieur le
maire, pour cause d'indisposition, écrivant
le secrétaire de la muniéipalité;

Se sont assemblés , savoir : messieurs
François Buquin, Jean Chevalier , Gabriel
Pravaz et Pierre Maguin, officiers munici-

paux ; M. Etienne Boissieux, procureur de la commune, sieur Pierre Condamin, sieur Claude Lavigne, sieur Thomas Court, sieur François Bertel, sieur Paul Monavois, sieur Jacques Parmezel, sieur Louis Pariot, Me Antoine Bertel, notaire, sieur Joseph-Antoine Pravaz, sieur Joseph Berter, sieur Benoit Lanet et sieur Nicolas-Veinllet Durand, notables.

Le conseil général, après avoir entendu le procureur de la commune dans ses observations et requisitions, relativement à la détention du sieur chevalier de Bonne et du nommé Joseph Meis, se disant son domestique ;

Considérant qu'il existe dans les pièces mises en réserve, des notions certaines que le sieur chevalier de Bonne a été un des coopérateurs pour un projet de contre-révolution et conspiration contre l'état, lequel projet a été dénoncé au comité des recherches de l'assemblée nationale et à celui de la commune de Paris, contre M. de Maillebois ; considérant encore qu'il est du plus grand danger de les laisser plus long-temps séjourner en cette ville, extrème frontière, où il n'y a aucune prison, ni des forces suffisantes pour opposer de la résistance, si l'on tentoit d'enlever ces prisonniers, le tout vérifié et mûrement réfléchi.

Le conseil-général a définitivement arrêté que ledit sieur chevalier de Bonne, et le nommé Joseph Meis, se disant son domestique ; seront traduits d'ici à Lyon, pour être

remis

remis entre les mains de la municipalité de ladite ville, qui sera ci-après priée et requise à cet effet, avec tous les effets, y compris les objets mis en réserve le jour d'hier, et dans une sache sur le lien de laquelle il est apposé le sceau des armes de la ville, et qui sera encore emballée avec une autre toile plombée et cachetée; que le petit paquet de papier, aussi mis en réserve, où est compris le livre de raison dudit sieur chevalier de Bonne, également scellé sous le sceau des armes de la ville, restera jusqu'à demain, pour être envoyé séparément, et par la poste, au comité des recherches de l'assemblée nationale, avec extrait en forme des procès-verbaux du jour d'hyer et de ce jour, qui seront délivrés par le secrétaire; que ledit sieur chevalier et son domestique seront traduits par la brigade de la maréchaussée, celle des employés des fermes, et accompagnés par deux officiers de la garde nationale, qui seront requis à cet effet; que de suite il sera écrit à la municipalité de Lyon, pour la prier et requérir, aux termes des décrets de l'assemblée nationale, de se charger desdites personnes traduites, et de les faire garder avec sûreté, jusqu'après les ordres de ladite assemblée ou du châtelet de Paris, tribunal établi pour la connoissance des crimes de lèze-nation; que les frais de la détention et traduction jusqu'à Lyon, et autres, faits ici, seront remboursés par un mandat qui sera tiré sur le trésorier de la ville, d'après le compte général qui en

G

sera arrêté par le conseil. Signé à l'original,
Buquin, officier municipal; *J. Chevalier*,
idem; *G. Pravaz*, idem; *P. Magnin*, idem;
Condamin, notable; *Pariot*, idem; *J. Berlet*,
idem; *Lavigne*, idem; *Monavon*, idem;
Berlet, idem; *Pravaz*, idem; *Permezel*,
idem; *B. Lanet*, idem; *Court*, idem; *Berlet*,
idem; *Durand*, idem; *Boissieux*, procureur
de la commune; *Berlioz* l'aîné, lieutenant
de maire, pour le maire absent; et *Permezel*, secrétaire.

Extrait conforme à son original, pour être
envoyé et servir au comité des recherches
de l'assemblée nationale. Signé, *Permezel*,
secrétaire.

Information sommaire faite par la municipalité de Pont-Beauvoisin, sur les circonstances qui ont précédé l'arrestation de M. Bonne-Savardin.

Du samedi, premier mai mil sept cent
quatre-vingt-dix, à un quart-d'heure du
matin, dans la salle de l'hôtel-de-ville du
Pont-Beauvoisin, pardevant nous Christophe-Desiré Berlioz, premier officier municipal, en présence du sieur Boissieux,
procureur de la commune, et de plusieurs
autres personnes, écrivant M. Flandrin,
greffier, par nous pris d'office et duement
assermenté par le moyen du serment qu'il a
présentement prêté, levant la main à la manière accoutumée, dont acte, ayant signé
avec nous, *Flandrin*, greffier; *Berlioz* laîné,
lieutenant de maire.

Premier témoin. Est comparu sieur Antoine Rey, postillon, frère du maître de
poste au Gastz, poste la plus prochaine de
cette ville, sur la route de Lyon, lequel a
dit qu'hyer, sur environ les neuf heures du
soir, il est arrivé à sa poste un étranger en
cabriolet, accompagné d'un domestique,
conduit par le nommé Jean, postillon de la
Tour-du-Pin. Cet étranger a demandé, en
arrivant, des chevaux ; ils ont été attelés,
et le comparoissant s'est mis à conduire la
voiture. A peine parti du lieu du Gatz, et à
la montée appellée de ce nom, sur la route
du Pont de Beauvoisin, l'étranger, qui étoit
dans la voiture, a dit au comparoissant,
qu'il vouloit aller loger au Pont de Beauvoisin, dans la partie de Savoie ; qu'on l'y
attendoit. Sur quoi le comparoissant a observé audit étranger que cela le retarderoit
trop, à cause de la vérification de l'hôtel-
de ville, et de celle de la barrière dudit Pont
de Beauvoisin ; à quoi l'étranger a répondu
au comparoissant, qu'il lui donneroit pour
boire. Le comparoissant lui a réparti : monsieur, nous ne nous battrons pas ; l'étranger
a répondu : non, non, mon enfant. Chemin
faisant, et quelque temps après, l'étranger
a dit au comparoissant qu'il vouloit descendre de voiture à l'entrée dudit Pont de Beauvoisin ; le comparoissant lui a répondu :
monsieur, où bon vous semblera. Parvenus
au fauxbourg du Pont de Beauvoisin, et à-
peu-près vers le milieu, l'étranger, ou son
domestique, qui étoit aussi dans la voiture,

ont appellé le comparoissant, en lui disant
d'arrêter. Le comparoissant a arrêté ; l'étranger a mis pied à terre ; son domestique est
resté dans la voiture, et a dit au comparoissant : allez tout doucement. Le comparoissant n'a point vu passer devant la voiture
l'étranger, qui a suivi derrière , à ce que
le comparoissant imagine. Le comparoissant
est ainsi parvenu jusqu'au devant de cet
hôtel-de-ville, où les sentinelles de la garde
nationale lui ont ordonné de s'arrêter, et
ont demandé le passe-port au domestique
qui étoit dans la voiture ; celui-ci l'a donné
à la sentinelle : un instant après on a rapporté et rendu le passe-port au domestique.
Le comparoissant a demandé à la sentinelle
si la voiture pourroit passer en Savoie ; on
a répondu que oui : alors le comparoissant a
fouetté en avant ; à peine la voiture a eu
avancé de soixante pas, qu'un fusilier de la
garde nationale est venu ordonner d'arrêter
et de retourner à l'hôtel-de-ville, ce que le
comparoissant a exécuté. Tel est le rapport
que fait ledit sieur Rey, relativement aux
deux étrangers qu'il a conduit en poste hier
au soir en cette ville, sur les interrogats qui
lui ont été faits à la requisition du procureur de la commune, en présence de M. le
chevalier Bonne et de son domestique, qui
sont les mêmes étrangers dont s'agit au présent rapport, duquel nous avons fait faire
lecture en entier audit sieur Rey, et avons
interpellé M. le chevalier Bonne et son domestique, de faire telle observation qu'ils

aviseront, ou déclarer s'ils ont ou n'ont point
d'observations à faire sur le rapport dudit
sieur Rey, et ce avons aussi interpellé de
signer le présent procès-verbal. Le sieur Rey,
ouï lecture de sondit rapport, a dit qu'il contient vérité, et qu'il y persiste, sans vouloir
y changer, ajouter ni diminuer, et a déclaré
ne savoir signer, de ce enquis et interpellé.
Le sieur chevalier Bonne déclare qu'il ne
blâme ni approuve le contenu au présent,
se réserve de faire ses observations, s'il y a
lieu, et déclare ne vouloir signer. Le domestique, qui a déclaré se nommer Joseph Meïs,
a dit n'avoir aucune observation à faire, et
ne vouloir signer, ayant été, ainsi que le sieur
chevalier Bonne, requis et interpellé de le
faire; de tout quoi avons donné acte et signé
avec le procureur de la commune, le greffier,
l'officier de garde, et autres personnes ici
présentes, postillon, frère du maître de
poste. Dix mots ont été rayés comme nuls.
Boissieux cadet, procureur de la commune;
Durand, notable; *Gillot*, brigadier; *Drevon*,
colonel; *Permezel*, fils aîné; *Ollier*, officier,
Berlioz l'aîné, lieutenant de maire; *Flandrin*, greffier.

Suite de l'information.

Dudit jour, sur les neuf heures du matin,
en la salle de la maison commune, au pont
de Beauvoisin, pardevant nous, premier
officier municipal susdit, en l'absence du
maire, présent le procureur de la commune,
écrivant le secrétaire de la municipalité.

Est comparu François Morel, sergent d'invalides, de garde depuis le jour d'hier à la barrière de ce lieu qui sépare la France d'avec la Savoie, lequel a rapporté que, hier au soir trente avril, sur environ dix heures et demie, un étranger s'est présenté à son poste, a demandé l'officier de garde; le comparoissant s'est approché pour savoir ce qu'il vouloit. Cet étranger a dit : ouvrez-moi la barrière, je veux passer en Savoie; je suis l'aide-de-camp de M. de la Fayette; mon passeport et ma voiture sont à la maison de ville. Le comparoissant lui a répondu qu'il ne pouvoit lui ouvrir sans un ordre du commandant. Cet étranger insiste à le faire ouvrir, et le comparoissant a persisté dans son refus. Alors le sieur Permezel, soldat citoyen, est survenu, et a ordonné à cet étranger de se rendre au corps-de-garde de l'hôtel-de-ville, pour y parler à l'officier, et ils y sont allés ensemble; lecture faite au comparoissant de son rapport, a dit qu'il contient vérité, et persiste; et a signé avec nous le procureur de la commune et le secrétaire. *Morel*, sergent de garde; *Berlioz*, l'aîné *L. M. Boissieux* cadet, procureur de la commune; *Permezel*, secrétaire.

Suite de l'information.

Du dimanche deux mai mil sept cent quatre-vingt-dix, au lieu du pont de Beauvoisin, dans la maison commune dudit lieu, parde-

vant nous prémier officier municipal susdít,
en l'absence du maire, présent le procureur
de la commune, écrivant le secrétaire de la
municipalité.

Troisième témoin. Est comparue demoi-
selle Thérèse Frepaz, épouse du sieur Henri
Magnin Postillon, marchand, habitant de
cette ville, laquelle a rapporté que vendredi
dernier trente, sur environ dix heures et
démie du soir, se retirant de chez le sieur
Thomas de Boissieux, bourgeois de ce lieu,
et étant parvenue dans la grande rue, elle
vit un cabriolet conduit en poste, venant du
côté du fauxbourg; elle s'arrêta et remarqua
que le cabriolet fut arrêté par la sentinelle de
la garde nationale du pont de l'hôtel-de-ville;
elle remarqua aussi un étranger à pied du
côté de l'église, qui marchoit doucement et
en observant, en s'arrêtant de temps en
temps. Quand cet étranger eut dépassé la
comparoissante, elle le suivit quelques pas,
et vit qu'il se retourna, puis il s'avança vers
l'hôtel-de-ville, se plaça au milieu de la rue,
examinant ce qui se passoit devant le corps-
de-garde. Il apperçut une lumière qni sortoit
du corps-de-garde; aussi-tôt il se recula en se
cachant contre une boutique : un moment
après il traversa la rue, et se glissa rapidement le long des boutiques, du côté opposé à
l'hôtel-de-ville, au-devant duquel étoit le
cabriolet. La comparoissante le perdit alors
de vue, et soupçonnant sa demarche, elle en
avertit un fusillier de la garde. La comparois-

sante avoit remarqué que cet étranger étoit
vêtu d'un surtout, ou frac de couleur obs-
cure, avec un chapeau rond, d'une taille
moyenne. Tel est le rapport, et la comparoissante, qui en a oui lecture et répétition,
a déclaré qu'il contient vérité, et qu'elle
y persiste; ayant signée avec nous, et nous
secrétaire, *Thérèse Postillon Frepaz*, *Berlioz*, l'aîné, le maire absent, *Permezel*, secrétaire; *Boissieux*, cadet. P. C.

Quatrième et dernier témoin. De suite est
aussi comparu sieur Aimé Permezel fils, marchand, résident en cette ville, qui a rapporté
que le vendredi trente avril dernier, sur les
dix heures et demie du soir, étant au-devant
du corps-de-garde de l'hôtel-de-ville, il est
arrivé un cabriolet en poste, qui fut arrêté:
il n'y avoit qu'une personne dedans, à qui on
demanda le passe-port qui fut exhibé. Pendant que l'officier de garde visitoit ledit
pass-port, la nommée Thérèse Frepaz, femme
Magnin Postillon, s'approchant du corps-
garde, dit au secrétaire Flandrin, fils cadet,
qu'elle avoit vu un étranger suivre la voiture,
marcher en se cachant lorsqu'il avoit apperçu
une lumière; se recachant et s'esquivant ensuite du côté de Savoie. Alors le comparoissant s'approcha de la voiture, et entendit que
l'officier de garde nomma le nom de M. de
Savardin, en rendant le passe-port. A ce nom
de Savardin, le comparoissant observa à
l'officier que celui de Savardin étoit le surnom du chevalier de Bonne, du lieu des
Echell..

Echelles, dénommé dans les papiers publics
pour être de la conspiration de Maillebois;
il avertit aussi l'officier de ce que la femme
Maguin avoit dit au sieur Flandrin; le procureur de la commune ayant paru à l'instant, le comparoissant lui rendit compte de
ces circonstances. Le procureur de la commune l'invita de courir jusqu'à la barrière,
pour tâcher de l'arrêter. Déjà le cabriolet
étoit en marche du côté de Savoie; le postillon ayant demandé s'il pouvoit passer de
suite en Savoie, et ayant reçu réponse que
oui, de l'officier de garde; dans ce moment
le comparoissant, qui étoit de garde, sur l'ordre de son officier et du procureur de la com-
muue, courut jusqu'à la barrière du royaume,
qui étoit fermée, où il trouva le sieur chevalier de Bonne qui sollicitoit le sergent de
garde des invalides de lui ouvrir la barrière.
Le comparoissant ordonna au sieur chevalier
de Bonne de se rendre au corps-de-garde de
l'hôtel-de-ville, où le cabriolet et la personne
qui y étoit, étoient déjà retournés sur l'ordre
que le comparoissant avoit donné chemin
faisant. Observe le comparoissant, qu'en
approchant le chevalier de Bonne, il lui dit:
monsieur, on vous demande au corps-de-
garde; il répondit: que me veut-on? on veut
vous parler. Le chevalier répondit: mon domestique y est avec le passe-port. Le comparoissant repartit: cela ne suffit pas, il faut
y venir également : il s'y rendit en disant
qu'il n'étoit pas bien étranger.

Lecture faite au comparoissant de son

h

rapport, a dit qu'il contient vérité, qu'il y persiste, et a signé à l'original. *Permezel*, fils aîné; *Boissieux*, cadet, procureur de la commune; *Berlioz* l'aîné; L. M. *Permezel*, secrétaire.

Pour extrait conforme à son original. Signé *Permezel*.

Copie de la lettre écrite par M. d'Evaulx, commandant provisionnel de la province du Dauphiné, à M. de Chambourg, commandant au pont de Beauvoisin, en date de Grenoble le premier 1790.

Je viens d'apprendre, monsieur, que M. le chevalier de Bonne, officier employé au service de France, et originaire de Savoie, a été arrêté au pont de Beauvoisin, par la milice nationale. Je vous ai déjà fait part des plaintes portées par le commandant de Savoie, contre les habitants de Saint Christophe, qui ont insulté M. de Bonne Chain, des Echelles, et M. l'abbé, son frère. Je vous prie de vous informer des motifs qui ont engagé la municipalité du pont de Beauvoisin à faire arrêter et détenir M. le chevalier de Bonne, dans le cas où il n'auroit pas déjà été relâché.

Rien ne seroit plus contraire à la liberté individuelle qui nous est assurée par la nouvelle constitution, que de saisir et de mettre en prison des citoyens ou des étrangers qui voyagent en France.

Je vous prie de représenter à MM. de la
municipalité, qu'ils doivent lire avec défiance
les papiers publics, lorsqu'ils sont remplis
de complots et de projets de contre-révolution ; que jusqu'à présent ces complots ont
été les enfants de l'imagination des gazetiers
et des folliculaires.

Que ces conjurations imaginaires pourroient leur attirer une guerre réelle avec les
Savoyards; que leurs voisins ne manqueroient
pas d'user de représailles, si on les maltraite.
M. Dutarer le fait pressentir dans la lettre
qu'il m'a adressée, concernant ce qui s'est
passé à Saint Christophe. Vous sentez aussi
bien que moi, monsieur, combien une rup-
ture entre les deux nations seroit fâcheuse,
dans les circonstances critiques où nous nous
trouvons.

Je ne doute pas que vous n'employiez tous
vos soins pour engager MM. les officiers de
la municipalité à se conduire avec l'équité
et la circonspection que l'on doit attendre
d'une assemblée aussi bien composée; et je
vous prie d'être persuadé des sentiments avec
lesquels j'ai l'honneur d'être,

MONSIEUR,

Votre très-humble et très-obéissant
serviteur. Signé, *Devaulx.* Pour
ampliation. Signé, *Chambourg.*
Pour copie sur l'amplition. Signé, *Permezel*, secrétaire.

Observation sur la lettre précédente..

M. le président Devaulx, commande pour le roi par interim, à Grenoble. On reconnoît parfaitement dans cette lettre le langage des ennemis de la révolution, dont un trop
grand nombre occupe des places importantes, soit à la cour,
soit dans les provinces, ou près des puissances étrangères. Arrêter une personne prévenue du crime de lèze - nation, c'est,
selon eux, un attentat à la *liberté individuelle* et à la *constitution*
même, qui nous garantit cette liberté. — Tous ces complots
et ces projets, de contre révolution, (tels que ceux de Fa-
vras et autres,) n'ont été que les *enfants de l'imagination des*
gazetiers et des folliculaires. — Ces précautions déplacées pour
des conjurations imaginaires, peuvent nous attirer des *guerres*
réelles, des ruptures avec les puissances..... Heureusement ces
insinuations n'ont pas fait fortune auprès de la municipalité du
Pont-Beauvoisin.

N°. I V.

LETTRE instructive, écrite par la Municipalité du Pont-Beauvoisin, et dans laquelle elle fait part au comité de ses opérations.

Nota. Pareilles lettres ont été écrites à MM. du comité des recherches de l'assemblée nationale , et à M. le commandant-général de la garde nationale parisienne.

MESSIEURS,

NOUS avons l'honeur de vous faire part que vendredi, trentième avril, sur les dix heures et demie du soir , arriva en poste, en cette ville, le sieur Bertrand Bonne, natif des Echelles, en Savoie , connu sous le nom de chevalier de Bonne, surnommé Savardin , chevalier de Saint-Louis, ci-devant gendarme , puis aide-de-camp de M. de Broglio, capitaine d'artillerie au service d'Hollande, legion Maillebois, actuellement breveté de

lieutenant-colonel au même service, et qui
a été dénoncé dans plusieurs papiers publics
comme coopérateur de la conspiration Maillebois. Il étoit accompagné de Joseph Meis,
se disant son domestique, dans un cabriolet
chargé de plusieurs effets.

Il a été constaté qu'en arrivant au fauxbourg de cette ville, il mit pied à terre, laissa
avancer sa voiture jusqu'au poste de la garde
nationale, placé à l'hôtel-de-ville, suivit *de
loin* sa voiture, *observant, se cachant lorsque la lumière paroissoit*; et pendant que
l'officier de garde visoit le passe-port, il *se
glissa le long des boutiques*, échappa à la vigilance de la sentinelle, *par l'intermédiaire
de sa voiture*, et se rendit à la barrière du
royaume, fermée alors, et qu'il chercha à
se faire ouvrir. Son passe-port étoit de M.
de Gordon, ambassadeur de Sardaigne, daté
du premier avril dernier, sous le nom de chevalier de Savardin.

Malgré son adresse à vouloir passer en Savoie, le hasard a fait qu'au prononcé du nom
de chevalier de Savardin, que fit l'officier,
un soldat reconnut ce nom; et par un autre
avis donné par une femme, *de ses démarches obliques dans les rues*, il fut arrêté à la
barrière, et reconduit au corps-de-garde de
l'hôtel-de-ville, où il fut consigné par le
procureur de la commune, qui survint avec
d'autres officiers municipaux. On fit poser
son cachet sur ses effets. *Il se mit à déchirer
quelques papiers qu'il avoit sur lui.* Le procureur de la commune le pria de ne plus se

donner cette peine. On le fit fouiller ; tout
fut soigneusement recueilli. Il fut gardé à
vue par la garde nationale et la maréchaussée , dans une chambre de l'auberge , où il
fut consigné.

Le conseil-général, assemblé le lendemain,
samedi, dans la maison commune, en présence du chevalier de Bonne et de son domestique, on a procédé à la visite et reconnoissance de leurs effets et papiers. On a
trouvé, parmi ces papiers, plusieurs pieces
relatives à ses démarches, c'est - à - dire à
la conspiration Maillebois. Toutes ces pieces ont été indiquées dans le verbal par nu-
méros ; elles ont été paraphées et cotées au
refus du chevalier de Bonne de le faire pareillement. On a remarqué, sur-tout, différentes petites lettres, billets et avis, qui ne
seront point des énigmes pour le comité des
recherches. On trouvera aussi un livre de
raison, écrit de la main du chevalier ; et l'on
verra aux folios 57, 58, 59 et 40 , l'itinéraire
et le journal sommaire dudit chevalier, depuis février 1790. On remarquera ses deux
voyages à Thury , avec les chevaux de M.
de Maillebois; une somme de seize cent livres *en billet*, reçu de *mademoiselle de Bissy* (1) ; des diners chez l'ambassadeur de Sar-

_____

(1) Erreur. Le livre de raison porte, à la date du 18 février
dernier, que M. Bonne Savardin a reçu les 1600 livres de M.
de Bussy, et non de *mademoiselle de Bissy* ; et qu'il les a reçus, non *en billets*, mais en espèces échangées contre des billets de caisse.

daigne ; son départ et son itinéraire depuis
Thury à Turin ; son arrivée à Turin le 7 ; sa
présentation chez l'ambassadeur de France ;
le lendemain chez une dame ; les 9, 10 et 11
mars , chez M. comte d'Artois ; les jours sui-
vants chez le prince de Condé, chez leurs
altesses le prince et la princesse de Piémont ,
chez les autres princes de la même famille ;
ses dîners chez l'ambassadeur de France ;
ses billets de visite qu'il a reçus de différents
personnages, puis son retour de Turin en
France ; son arrivée aux Echelles, sa patrie ;
son voyage à Grenoble avec M. Gagnon, son
ami. On verra, dans le même livre, ses ha-
bitudes chez différentes personnes ; ses articles de dépenses, etc.

*Les papiers qu'il avoit déchiré la nuit pré-
cédente* étoient 1°. une *lettre à l'adresse de
M. Mounier*, écrite par une personne qui
soupire pour l'air de Suisse, du 27 avril : il
en étoit porteur et l'explicateur ; 2°. une autre lettre contenant un avis important (1).
Tous ces papiers essentiels ont été mis en sa
présence, sous enveloppe, au cachet de notre ville, il a refusé d'y mettre le sien, en
ayant été requis.

On a laissé à sa disposition deux valises ,
une vache, et des paquets contenant des effets où l'on n'a rien découvert de suspect.
On a fait, sous le même cachet de la ville et
sous un plomb de douane, un ballot composé

---

(1) C'est celle de M. l'ambassadeur de Sardaigne.

d'un

d'un paquet d'argenterie, d'une caisse appelée nécessaire, de deux pistolets et d'un gros porte-feuille rempli de papiers, mémoires, carte topographique, et de diverses lettres, dont une visite bien rapide, pressée sur le temps, n'a pas permis de faire un triage bien exact. Il y a, sur-tout, une correspondance ancienne et suivie de lettres à lui écrites de la main de M. de la Luzerne, ambassadeur (1). Ce ballot est consigné avec les personnes arrêtées. Hier, dimanche, le conseil-général assemblé, considérant que, placé sur une extrême frontière, craignant un enlèvement de la personne du chevalier de Bonne, n'ayant point de prisons ni maison sûre, avec une garde nationale trop peu nombreuse, et point assez d'armes pour opposer résistance à des tentatives; entouré des parents du chevalier de Bonne, qui habitent aux Echelles, en Savoie, à deux lieues de cette ville, qui déja nous obsèdent, a arrêté que le chevalier de Bonne, son domestique et leurs effets, seroient transférés à Lyon, et remis et consignés à la municipalité de cette grande ville, à qui nous avons écrit pour la requérir de vouloir s'en charger, et de les faire garder avec sûreté, jusqu'à ce que l'assemblée nationale et le châtelet en aient autrement ordonné, en annonçant que nous allions avoir l'honneur de vous écrire.

_____

(1) Elles n'ont rien de relatif aux affaires présentes.

i

En exécution de l'arrêté, le chevalier de Bonne, son domestique et ses effets, sont partis hier au soir sous bonne escorte; ils doivent arriver aujourd'hui à Lyon.

Avant de partir, le chevalier de Bonne a fait des protestations pardevant notaire; il y regrette sur-tout son nécessaire qui est sous le sceau; il paroît y mettre beaucoup d'attachement: peut-être renferme-t-il quelque chose d'important échappé à nos recherches (1)?

Pendant que le conseil délibéroit, M. le maire a reçu une lettre de M. le chevalier de Chambourg, commandant pour le roi en cette ville, par laquelle il lui annonce que M. le président Devaulx, commandant pour le roi par *interim*, à Grenoble, demande les motifs de cette arrestation, qu'il dit pouvoir occasionner la guerre avec la Savoie. Le conseil a fait demande de la lettre de M. Devaulx, en a pris lecture, et s'en est fait remettre une ampliation signée par M. de Chambourg.

Nous adressons au comité des recherches de l'assemblée nationale extrait du procès-verbal fait à cette occasion, et le paquet contenant le livre de raison et les papiers découverts suspects parmi ceux du chevalier de Bonne. Vous pouvez, Messieurs, prendre

_____

(1) Nous n'y avons rien trouvé de suspect; mais ce *nécessaire* avoit été remis par la municipalité de Lyon à M. Bonne-Savardin, qui, dès-lors, put en ôter ce qu'il a voulu.

communication de ces pièces à ce comité.
Nous vous prions de nous honorer d'une réponse, en nous indiquant, dans votre sagesse, si les opérations de notre zèle patrioti-
que méritent votre approbation.

Nous avons l'honneur d'être avec respect,

MESSIEURS;

Vos très-humbles et très-obéissants serviteurs, les membres du conseil municipal et du conseil-général de la commune
du Pont - Beauvoisin. Berloy, l'aîné,
lieutenant de maire, le maire absent; J.
Chevalier, officier municipal ; Pierre
Maguin, officier municipal; Buquin,
officier municipal; Boissieu cadet, procureur de la commune; Condamin, notable ; Pravaz, notable; Hanet, notable; Durand, notable; J. Bertet, notable;
Brizel, notable ; Lavigne, notable; Permezel, notable; Court, notable; Berthet,
notable ; Permezel, secrétaire.

*A Messieurs du Comité de Recherches
de la Commune de Paris.*

Nº. 5.

INTERROGATOIRE de M. le chevalier de Bonne-Savardin , subi devant le comité.

Première séance, 21 mai 1790.

L'an mil sept cent quatre-vingt-dix , le 21 mai , nous soussignés , membres du comité des recherches de la municipalité de Paris , nous sommes transportés aux prisons de l'Abbaye-Saint-Germain , où , après avoir mandé M. le chevalier de Bonne , détenu par notre ordre dans lesdites prisons , nous l'avons interrogé ainsi qu'il suit :

1. Interrogé sur ses noms, âge, qualités et demeure, a dit se nommer Bertrand Bonne-Savardin , âgé de quarante-deux ans ou environ , chevalier de l'ordre royal et militaire de Saint-Louis , ancien gendarme de la garde , réformé , demeurant à Paris , cour de l'Orme , à l'Arsenal.

2. Interrogé si, aux barrières du royaume, il ne s'est pas dit aide-de-camp de M. le marquis de la Fayette ; il a dit qu'il n'a jamais pris cette qualité.

3. A lui observé que ce fait se trouve consigné dans l'information sommaire , faite au pont de Beauvoisin ; a persisté à dire que cette allégation est de toute fausseté.

4. Interrogé pourquoi il a mis pied-à-terre en arrivant au pont de Beauvoisin ; a répondu qu'il se proposoit d'aller coucher chez M. François, de la connoissance de ses frères, demeurant dans la partie de Pont-Beauvoisin, qui est de la dépendance de Savoie ; qu'étant fatigué, ayant la poitrine échauffée, et besoin de repos, sachant qu'on étoit toujours fort long-temps à Pont-Beauvoisin pour visiter les voitures et viser les passe-ports, et commençant à se faire tard, il avoit cru devoir descendre pendant qu'on se livreroit à ces opérations, afin d'arriver plus tôt, ne doutant pas qu'il ne pût passer, comme cela arrive ordinairement, sans être obligé d'attendre sa voiture.

5. Interrogé comment il a présumé qu'on le laisseroit passer sans passe-ports ; a répondu qu'on n'en demandoit point aux personnes à pied, au moins à ce qu'il croit.

6. Interrogé, si, pendant le cours du voyage, son domestique étoit avec lui dans la voiture ; a répondu : toujours, excepté quelques postes qu'il a couru devant la voiture pendant la première nuit.

7. Interrogé s'il savoit, à cette époque, que le comité fût instruit de son voyage à Turin, et du but que l'on assignoit à ce voyage dans les papiers publics : a répondu que oui.

8. Interrogé pourquoi, après avoir mis pied-à-terre à Pont-Beauvoisin, et en marchant doucement derrière sa voiture, il s'arrêtoit de temps en temps, puis s'étant avancé

vers l'hôtel-de-ville , il se plaça au milieu
de la rue, examinant ce qui se passoit devant le corps-de-garde ; pourquoi , en apper-
cevant une lumière qui sortoit du corps-de-
garde , il se recula en se cachant contre une
boutique , et glissa ensuite rapidement le
long des boutiques opposées à l'hôtel-de-ville ,
au-devant duquel étoit le cabriolet ; a répondu que sa marche a été toute simple ;
qu'il a suivi la rue qui est le chemin le plus
direct pour arriver à sa destination.

9. A lui observé que les circonstances dont
on vient de lui parler , se trouvent énoncées
et attestées dans l'information sommaire
faite à Pont-Beauvoisin ; a répondu qu'on y
a mis ce que l'on a voulu , mais qu'il vient
de nous dire la vérité.

10. Interrogé pourquoi il quittoit le
royaume à une époque où il savoit être compromis auprès du comité des recherches de
l'hôtel-de-ville ; a répondu que sa santé extrêmement dérangée , exigeoit qu'il allât changer d'air ; que sa fortune, qui avoit également
souffert quelqu'atteinte , le déterminoit à
retourner dans son pays , où il comptoit
faire venir Madame de Bonne.

11. A lui représenté qu'étant en Savoie au
mois de mars , il paroît extraordinaire
qu'ayant l'intention d'y fixer son séjour , il
soit revenu en France, soit parti de là pour
aller en Flandre , puis en Hollande , et soit
encore revenu en France pour retourner dans
les états de Savoie ; a dit qu'il étoit allé en
mars à la cour de Turin pour y demander

du service, n'ayant pour le moment en France, ni emploi, ni pension, ni traitement d'aucune espèce ; que sa demande à la cour de Turin n'a été ni acceptée ni rejettée ; qu'il n'avoit pas laissé néanmoins de concevoir l'espérance de la voir agréée ; que n'ayant pas assez de fortune pour attendre ce moment désiré, il étoit revenu en France, présumant bien que l'on feroit prendre des renseignemens sur le peu de talens qu'il peut avoir ; qu'arrivé à Paris, il avoit appris la dénonciation faite contre M. le comte de Maillebois, dans laquelle il se trouvoit impliqué ; qu'il avoit cédé aux instances de ses amis qui avoient exigé de lui qu'il se rendît près M. le Comte de Maillebois, pour être informé de ce qui avoit donné lieu à cette dénonciation ; qu'ensuite, après les éclaircissemens donnés par M. le comte de Maillebois, il étoit revenu en France, étoit arrivé à Paris, où il demanda un rendez-vous à M. l'ambassadeur de Sardaigne, qui s'y refusa, et lui conseilla d'aller dans sa famille, en lui observant par son post-scriptum, à ce que croit le répondant, que depuis son départ, il n'avoit appris rien de nouveau sur son affaire ; que le répondant a suivi ce conseil, et est parti pour se rendre chez lui.

12. Interrogé pourquoi il voyageoit sous le nom de Saint-Marc ; a répondu qu'il voyageoit sous le nom de Savardin.

12. A lui représenté une permission de poste donnée le 27 avril, jour de son départ, par le baron d'Ogny, sous le nom de

marquis de Saint-Marc, pour aller à Auxerre,
et qu'il a déchirée lorsqu'on l'a arrêté au Pont-
Beauvoisin ; a répondu que n'ayant point de
remise chez lui, il avoit laissé en arrivant son
cabriolet chez le marquis de Saint-Marc, bou-
levard S.-Denis, pour y être remisé ; que c'est
de là qu'il a envoyé chercher des chevaux
pour son départ, et que son domestique a
trouvé vraisemblablement plus commode
pour le postillon qui devoit amener les chevaux, de donner l'adresse précise du lieu
où étoit la voiture. Quant au reproche qu'on
lui fait d'avoir déchiré le passe-port, lors
de son arrestation à Pont-Beauvoisin ; a dit
que le fait n'étoit pas vrai ; que ce passe-
port avoit été déchiré par lui le lendemain,
en présence de la municipalité assemblée,
qui avoit regardé d'abord ce papier comme
inutile, ainsi que le répondant, et que ce
n'est qu'après coup qu'un des membres de
la municipalé a cru devoir en ramasser les
morceaux, et les réunir avec les autres ; que
plusieurs autres papiers avoient été ainsi
déchirés précédemment, comme inutiles,
tant par lui que par les autres membres de
la municipalité.

14. A lui représenté que ce même passe-
port, donné sous un nom qui n'est pas le
sien, a été donné pour aller à Auxerre,
tandis qu'il alloit par Auxerre, à la vérité,
dans un autre endroit beaucoup plus éloi-
gné de Paris, et hors du royaume ; a dit que,
passant réellement par Auxerre, et regardant
que ce passe-port n'étoit utile que pour sortir

tir ds Paris, il n'avoit cru déguiser ni sa marche, ni la vérité, et n'y avoit attaché aucune importance.

15. Interrogé si c'étoit aussi son domestique qui avoit fait mettre de lui-même cette indication de la ville d'Auxerre; a répondu qu'il ne s'en souvient pas; que le domestique savoit positivement que le répondant alloit chez lui, mais que peut-être ne s'est-il pas rappellé du nom du lieu, appellé les Échelles.

16. Interrogé pourquoi il a pris à Turin la qualité d'officier au service de France, et en France la qualité de sujet de Savoie, et d'officier au service de Hollande; a répondu, quant à la première partie, qu'il a été réellement au service de France, puisqu'il avoit été réformé des gendarmes de la garde du roi, avec la compagnie, à qui sa majesté avoit laissé une activité de dix années, si toutefois on n'obtenoit un remplacement avant cette époque; que d'ailleurs, comme chevalier de l'ordre royal et militaire de Saint-Louis, il est bien réellement officier au service de France. Quant à la second partie, ayant commandé l'artillerie attachée à la légion de M. le comte de Maillebois, au service des Provinces-Unies, ayant été dans cette république fait lieutenant-colonel, il a pu se regarder, et se regarde en effet comme officier Hollandois; qualité qui ne déroge point à la première, puisqu'ayant passé à ce service avec permission, on a, dans l'état de ses services, compté celui-ci, comme un service actif de guerre.

k

17. Interrogé quelles sont ses relations avec M. Mounier, ci-devant député à l'assemblée nationale; a répondu qu'il le connoît peu, et ne l'a vu qu'en revenant de Turin, à son passage à Grenoble, chez un monsieur qui a épousé la nièce de lui repondant, et chez lequel le répondant a soupé et couché; M. Mounier y vint pendant qu'on étoit à table, avec deux ou trois personnes, et y passa la soirée au milieu d'un cercle nombreux.

18. Interrogé pourquoi, arrivé au Pont-Beauvoisin, à l'extrémité du royaume, et se trouvant arrêté, il a déchiré une lettre adressée à M. Mounier; a répondu qu'il n'avoit attaché aucune importance à se rendre porteur d'une lettre de M. Mounier, et qu'il ne s'étoit apperçu que cette lettre pouvoit tirer à quelque conséquence, qu'au moment où lui-même avoit été arrêté; que dans le moment du tumulte, la réflexion n'étant pas bien établie, il avoit cherché à déchirer cette lettre.

19. Interrogé quel est le nom du monsieur dont il nous parle, demeurant à Grenoble, qui a épousé sa nièce; a repondu qu'il s'appelle Gagnon, avocat au parlement de Grenoble.

20. Interrogé comment il comptoit faire parvenir à M. Mounier, domicilié à Grenoble, cette lettre qui a été saisie sur lui, au moment où il alloit sortir du royaume; a répondu qu'il comptoit la lui faire passer par une de ces occasions qui se présentent à tout moment.

21. A lui représenté qué, dépositaire d'nue lettre écrire à M. Mounier, il n'a pas dû se croire le droit de la déchirer ; a déjà répondu que la réflexion n'étoit pas encore bien établie dans ce premier moment de trouble , ce qui l'a empêché de sentir pour l'instant l'irrégularité d'un tel procédé.

22. Interrogé par qui cette lettre étoit écrite à M. Mounier ; a répondu qu'il n'en sait rien (1), et que la signature doit l'indiquer.

23. Interrogé qui la lui a remise ; a répondu qu'il ne s'en souvient pas.

24. Interrogé s'il étoit chez lui lorsque la lettre a été apportée ; a répondu qu'il ne s'en souvient pas davantage.

25. Interrogé pourquoi, en ce cas, il a déchiré la lettre dont il s'agit, s'il ne savoit ni qui l'avoit écrite, ni qui l'avoit apportée, ni qnel étoit son contenu ; a répondu que M. Mounier ayant quitté l'assemblée nationale, et, à ce titre, pouvant être suspect dans la province, lui répondant avoit cru, dans le premier moment, devoir déchirer cette lettre, de peur de le compromettre.

26. Interrogé quelles sont ses liaisons avec M. Pison du Galand ; a répondu qu'il a connu M. Pison du Galand dans son enfance, et que, toutes les fois que l'occasion s'est pré-

---

(1) Voyez ci-après l'article 58 , où M. Bonne-Savardin reconnoît que cette lettre a été écrite et lui a été remise par M. le ci-devant comte de la Châtre , membre de l'assemblée nationale.

sentée, ils se sont donné réciproquement des
marques d'attachement; qu'il lui a écrit une
fois un billet, depuis qu'il est à Paris comme
député à l'asssmblée nationale, sans se rappeller le contenu de ce billet, et qu'il lui a
encore écrit du château de Pierre-Scise, relativement à sa situation.

27. A lui demandé s'il n'a pas rendu quelques visites à M. Pison du Galand, tant à
Versailles qu'à Paris; a répondu qu'il a pu
lui rendre deux ou trois visites, tant à Versailles qu'à Paris.

28. Interrogé pourquoi il a déchiré, au
moment de son arrestation à Pont-Beauvoisin, la lettre en réponse que lui avoit écrite,
le 23 avril, M. de Cordon, ambassadeur du
roi de Sardaigne à la cour de France; a répondu : parce que cette lettre, annonçant
que l'on cherchoit à arréter le répondant à
Paris, pouvoit engager les habitans du Pont-
Beauvoisin à l'arrêter eux-mêmes, ainsi qu'ils
l'ont fait.

29. Interrogé s'il a des relations avec le
comte et la comtesse de la Fare, et M. de
Bellegarde, colonel du régiment de la Fère,
artillerie; a répondu qu'il ne les connoît pas,
et n'a jamais eu avec eux aucune espèce de
relations.

30. Interrogé s'il n'a pas eu des relations
avec M. le vicomte de Voisin, commandant
d'artillerie à Valence; a répondu qu'il n'en
a jamais eu, et ne l'a jamais connu.

21. A lui demandé s'il a passé à Valence
dans ses deux voyages; a répondu que non.

32. Interrogé s'il connoît quelqu'un à Valence; a répondu qu'il croit n'y connoître personne.

33. Interrogé s'il a eu quelques relations avec M. de Narbonne-Fritslar; a répondu qu'il l'a vu à Versailles, mais ne le connoît pas et ne lui a jamais parlé.

34. Interrogé pareillement s'il a eu des relations avec M. Imbert, colonel-commandant de la garde-nationale de Lyon; a répondu qu'il ne le connoît pas.

35. Interrogé s'il a des relations à Lyon; a répondu, aucune.

36. Interrogé pourquoi il a pris à Grenoble un passe-port de M. de Durfort; a répondu qu'ayant besoin d'une permission pour prendre des chevaux de poste, il avoit demandé un passe-port en même-temps.

37. Interrogé s'il connoît M. de Durfort; a répondu qu'il ne le connoît pas même de vue.

38. Interrogé pourquoi il a refusé, à Pont-Beauvoisin, de parapher les pièces saisies sur lui, et de signer les procès-verbaux; a répondu que tout ce qu'on y faisoit lui paroissant fort irrégulier, il n'avoit pas cru devoir l'autoriser, ni de sa signature, ni de ses paraphes.

Lecture faite du présent interrogatoire, a déclaré qu'il contient vérité, et a signé. Signé, *le chevalier de Bonne-Savardin, Perron, Oudart, Garran de Coulon, Agier.*

Seconde séance. 22 mai 1790.

Le vingt-deux mai mil sept cent quatre-vingt-dix, nous soussignés, membres du comité des recherches de l'hôtel-de-ville de Paris, nous sommes transportés à la prison de l'abbaye S.-Germain, où nous avons interrogé M. le chevalier de Bonne-Savardin, ainsi qu'il suit.

39. Interrogé sur ses noms, âge, qualités et demeure; a dit se nommer Bertrand Bonne-Savardin, âgé de quarante-deux ans ou environ, chevalier de l'ordre royal et militaire de S.-Louis, ancien gendarme de la garde, réformé, demeurant à Paris, cour de l'Orme, à l'Arsenal.

40. Interrogé si c'est par ses ordres, qu'après qu'il eut mis pied à terre dans le faubourg du Pont-Beauvoisin, son domestique, resté dans la voiture, a dit d'aller tout doucement; a répondu qu'il ne s'en souvient pas; qu'au surplus, sa voiture ayant été brisée à Villefranche, et y ayant passé quatre heures ou quatre heures et demie à la faire raccommoder, ce qui avoit retardé son arrivée au Pont-Beauvoisin; de tout ce temps-là, la voiture étant encore en mauvais état, puisqu'elle s'est recassée de nouveau lorsqu'on l'a ramenée à Lyon, après l'arrestation dudit sieur répondant, cette recommandation avoit été généralement faite toutes les fois qu'elle étoit sur le pavé.

41. Interrogé pourquoi lui répondant, qui

avoit dit précédemment qu'il étoit pressé
d'arriver en Savoie, a néanmoins suivi derrière la voiture, au lieu de prendre les de-
vans ; a répondu que c'est parce que sa voiture étant traînée par des chevaux de poste,
quelque doucement qu'elle allât, alloit toujours plus vîte que le répondant, qui, étant
fatigué de la poitrine, ne pouvoit aller que
très-lentement ; qu'il avoit d'ailleurs satisfait
un besoin en descendant de sa voiture, ce
qui avoit donné une avance sur lui d'environ
quatre minutes ; qu'enfin s'il avoit voulu
mettre du mystère dans sa marche, il auroit
fait rester sa voiture en arrière, auroit passé
sans bruit, celui de la voiture ne pouvant
qu'avertir qu'il passoit quelqu'un.

42. Interrogé pourquoi, ayant dit d'abord
qu'il alloit en Savoie, lors de son dernier
voyage (qu'il n'a pas fini, parce qu'il a été
arrêté), par des raisons de santé et de fortune, il a dit ensuite qu'il y alloit par le conseil de l'ambassadeur de Sardaigne, qui ju-
geoit convenable qu'il s'éloignât, à cause des
bruits qui couroient sur son compte ; a répondu qu'il y est allé pour l'un et l'autre motif ; que si les bruits qui avoient couru lui
avoient laissé l'espérance d'être détruits, il
y auroit d'abord travaillé ; que M. l'ambassadeur lui ayant mandé, dans son billet, qu'il
lui conseilloit de se tenir caché encore quelque temps, cette espérance étoit évanouie,
et qu'alors sa santé et sa fortune ont réellement commandé le parti qu'il prenoit.

43. Interrogé quels étoient les éclaircisse-

mens qu'il avoit demandés à M. de Maillebois, et obtenus de lui lors de son voyage en Hollande ; a répondu que c'étoit la négation formelle , de la part de ce général, que l'on eût déposé au comité des recherches un plan de sa main , comme quelques papiers l'avoient dit , puisqu'il n'y en avoit jamais existé.

44. Interrogé quel jour il est arrivé à Paris , lors de son retour de Hollande ; a répondu , le 24 avril.

53. Interrogé pourquoi il est retourné à Paris , s'il croyoit y courir des risques ; a répondu que son intention étoit d'éclaircir et de détruire les bruits qui avoient couru , et de s'y procurer l'argent nécessaire à son voyage ; qu'il étoit venu néanmoins avec quelques précautions , pour éviter d'y être arrêté , si ces bruits n'étoient pas tout-à-fait détruits.

46. Interrogé quels étoient les moyens dont il comptoit se servir pour éclaircir ou détruire ces bruits ; a répondu que c'étoit en allant au comité des recherches.

47. A lui observé que cette dernière réponse paroît en contradiction avec ce qu'il a dit dans la précédente , « qu'il étoit venu » néanmoins avec quelques précautions, » pour éviter d'y être arrêté , si ces bruits » n'étoient pas tout-à-fait détruits » ; a répondu que sa conduite , à cet égard , devoit être déterminée d'après le plus ou le moins d'activité qu'auroient conservé ces bruits; que s'ils l'eussent conservée telle qu'elle avoit été au commencement, il auroit gardé l'in-

cognito ,

cognito, comme il l'a fait ; que s'ils eussent
été affoiblis jusqu'à un certain point, il se
seroit présenté au comité, toujours en pre-
nant d'abord, dans l'un et l'autre cas, l'avis
de M l'ambassadeur de Sardaigne, à raison
des demandes de service qu'il avoit faites à
la cour de Turin, lors de son précédent
voyage ; qu'enfin s'il eût eu seulement l'intention de cacher le voyage qu'il se proposoit
de faire bientôt en Savoie, il lui eût été facile
d'y aller par l'Allemagne, sans passer par la
France.

48. Interrogé pourquoi il n'a pas couché
chez lui, lors de son arrivée de la Hollande ;
a répondu que c'étoit une suite des précautions qu'il avoit cru devoir prendre.

49. Interrogé où il est descendu en arrivant à Paris ; a répondu qu'il comptoit trouver l'appartement de M. le marquis de Saint-
Marc tout meublé, et y loger ; que le cocher
qui en avoit la garde étant parti ce jour-là
même, avec une partie des meubles, pour
se rendre à Bordeaux auprès de son maître,
à ce qu'on a dit au répondant, il y avoit laissé
son cabriolet, et s'étoit rendu à l'Arsenal,
cour des Princes, à l'hôtel d'Amblimont,
d'où il avoit fait prévenir madame de Bonne
et les personnes auxquelles il avoit à faire.

50. Interrogé dans quel endroit sa voiture
a été chargée, lors de son dernier départ de
Paris ; a répondu qu'elle n'avoit pas été déchargée.

51. A lui observé que, lors de la visite
par nous faite, en sa présence, des effets qui

l

étoient dans sa vache et dans ses porte-man-
teaux, il nous avoit déclaré que si nous y
voyions une si grande quantité d'effets, c'é-
toit parce qu'il comptoit se retirer dans sa
famille, et que ce voyage étoit une espèce
de dédommagement; que cependant sa vache
n'ayant pas été déchargée, il paroît naturel
de conclure que ce projet n'a pas eu lieu, ou
avoit eexisté dès son premier voyage; a répondu qu'il avoit en effet existé dès le premier voyage, et qu'il auroit eu lieu, s'il avoit
obtenu de suite le service qu'il demandoit à
la cour de Sardaigne; que la preuve en est
que, lors de ce premier voyage, il avoit encore
plus d'effets, ayant, outre la même vache,
une malle attachée derrière sa voiture, qu'il
auroit eüe encore, s'il avoit été seul; mais
qu'ayant un domestique, il n'avoit pas voulu
la surcharger.

52. Interrogé si, avant son départ de Paris
pour son dernier voyage, il a dit à quelqu'un
qu'il alloit en Savoie ou en Dauphiné; a
répondu que ne suspectant personne de ceux
qu'il avoit pu voir, pendant son court séjour,
il n'avoit pas cru devoir dissimuler.

53. Interrogé quelles sont les personnes
qu'il a vues à Paris pendant ce dernier séjour;
a répondu, celles qui lui tenoient de près,
quelques amis et peu d'autres.

54. A lui observé que c'est le nom et la
qualité de ces personnes que nous lui de-
mandons; a répondu que sa mémoire n'est
pas très-locale, et qu'il n'avoit un journal
que pour suppléer à l'infidélité de cette même
mémoire.

55. A lui demandé s'il n'a pas une réponse plus précise et plus satisfaisante à nous faire; a répondu qu'il n'en voit la nécessité ni le but.

56. A lui représenté que cette dernière réponse détruit la première, puisqu'il suppose qu'il pourroit indiquer les personnes qu'il a vues durant son dernier séjour à Paris, s'il voyoit la nécessité et le but de la question qui lui a été faite à cet égard; que la nécessité et le but sont évidens, puisqu'ils ne tendent qu'à connoître la vérité, qui ne peut que lui être favorable, s'il est véritablement innocent; que des réponses si vagues, outre qu'elles paroissent contradictoires, ne peuvent être prises que pour un refus de s'expliquer sur cet objet; a répondu que sa mémoire est réellement peu sûre; que cependant il ne se refusera jamais à chercher de se la rappeller toutes les fois qu'on le croira nécessaire; que, pour nous donner une satisfaction complette, il nous dira qu'il a vu plusieurs personnes dans la maison où il étoit logé, sa femme, M. Muguet de Champallier, un homme d'affaires pour avoir de l'argent, qui s'appelle Moulin, demeurant rue Guénégaud : que ce sont à-peu-près les seules personnes qu'il a vues dans ce temps-là, ajoutant aussi qu'il a vu plusieurs domestiques qui se sont présentés pour son service, parce qu'il en cherchoit un.

57. A lui demandé s'il n'a pas vu aussi un membre de l'assemblée nationale; a répondu que oui, que c'est M, le comte de la Châtre.

58. *A lui demandé si la lettre qu'il avoit pour M. Mounier, étoit de M. le comte de la Châtre, a répondu que* OUI.

59. Interrogé s'il a fait prévenir M. le comte de la Châtre de son arrivée, avec prière de passer chez lui; a répondu que c'étoit lui-même qui étoit allé chez M. le comte de la Châtre, quoiqu'il n'eût point l'honneur de le connoître.

60. A lui demandé pourquoi il est allé chez M. le comte de la Châtre, puisqu'il ne le connoît point du tout; a répondu que sachant M. le comte de la Châtre attaché à Monsieur; desirant de se faire de nouveaux appuis à la cour de Turin, au sujet de la demande qu'il y avoit faite, il avoit espéré, à raison de l'intérêt que pouvoit inspirer sa position, que M. le comte de la Châtre interposeroit ses bons offices pour lui obtenir des recommandations,

61. Interrogé s'il avoit effectivement obtenu ces recommandations par le canal de M. le comte de la Châtre; a répondu qu'ayant expliqué sa demande au comte de la Châtre, il n'en avoit obtenu que des espérances vagues.

62. Interrogé s'il étoit porteur de quelque lettre de M. le comte de Maillebois, ou des autres personnes que le répondant avoit vées en Hollande, pour M. le comte de la Châtre, ou pour quelques autres personnes; a répondu que non.

63. A lui demandé si M. le comte de Maillebois lui avoit remis quelques paquets, lors

de son précédent voyage à Turin; a répondu qu'il en avoit eu une seule de recommandation pour M. le marquis de Séran, gouverneur des enfans de M. le comte d'Artois.

64. Interrogé quel jour il est parti pour son dernier voyage; a répondu qu'il croit que c'est le vingt-sept avril à huit heures du soir.

65. Interrogé si M. Gagnon, mari de sa nièce, connoît particulièrement M. Mounier; a répondu qu'il n'en sait rien, et qu'il connoît lui-même fort peu M. Gagnon.

66. Interrogé si, avant les deux voyages dont il s'agit, il n'a pas fait quelques visites avec M. Pison-du-Galand; a dit qu'il l'a conduit une seule fois chez M. le comte de Maillebois, où étoit un monsieur qui a détaillé quelques idées sur la finance, et a demandé à M. Pison-du-Galand la permission de les lui présenter plus ensemble; le répondant ignore s'il l'a fait.

67. A lui fait lecture de plusieurs passages d'une lettre datée de Turin, le 12 mars de cette année, par laquelle on annonce l'arrivée à Turin, depuis quatre jours, d'une personne chargée de présenter à M. le comte d'Artois un projet pour opérer une contre-révolution, projet qui a été dressé par une personne distinguée dans l'ancienne armée françoise, et qu'on offre de nommer dans une lettre subséquente. A lui ajouté que M. de Cordon est instruit du projet en question, suivant la même lettre; a répondu qu'il ne croit pas à la possibilité d'une contre-révolution; qu'au

reste ces détails ne peuvent pas avoir trait à lui répondant.

68. A lui demandé quels papiers il avoit remis à M. le comte d'Artois, a répondu que c'étoit une lettre qui se trouvoit incluse dans celle qu'il avoit remise à M. le marquis de Séran, et que M. le marquis de Séran a remise au répondant, pour lui donner une occasion plus prompte de faire sa cour à son altesse.

69. A lui demandé s'il sait le contenu de l'une ou de l'autre de ces lettres; a répondu qu'il regardoit la première comme une recommandation de M. le comte de Maillebois pour sa personne; quant à l'autre, qu'il n'en connoît ni le contenu ni l'auteur.

70. A lui observé qu'une autre lettre du 23 du même mois de mars, annonce que M. le comte d'Artois répondit à la personne qui apportoit le plan, et qui étoit chargée de le négocier, qu'il ne vouloit entrer dans aucun projet qui auroit sa base dans la guerre civile; qu'il étoit bien à Turin, et qu'il y attendoit le résultat des événemens; que d'après cette lettre il paroît constant que M. le chevalier de Bonne, porteur du plan de M. de Maillebois, étoit chargé effectivement de le négocier; a répondu qu'il ne doute point que si quelqu'un avoit été assez hardi pour faire à monseigneur de pareilles propositions, il n'eût répondu, comme il est dit, que quant au répondant, son but, dans ce voyage, avoit été d'avoir du service dans les troupes de Sardaigne.

71. A lui demandé s'il entend avouer ou nier qu'il avoit été porteur du plan et chargé de le négocier; a répondu qu'il n'a été chargé que de la lettre dont il a fait mention; qu'il a suivi cette affaire, autant qu'il l'a pu, et qu'à cela s'est borné toute sa négociation.

72. A lui demandé si cette lettre contenoit le plan, si c'est cela qu'il a négocié, et à quoi il s'est borné; a répondu que M. le comte de Maillebois a bien voulu lui faire lecture de la lettre de recommandation, pleine d'intérêt et de force, et qu'à cela s'est réduit la connoissance qu'il avoit de la lettre.

73. A lui demandé de laquelle des deux lettres il entend parler; a répondu que c'étoit de celle pour M. le marquis de Séran.

74. A lui demandé s'il sait le contenu de la lettre de M. le comte de Maillebois à M. le comte d'Artois; a répondu qu'il ignore si la lettre incluse dans celle à M. le marquis de Séran est de M. Maillebois, et ce qu'elle contient.

75. Interrogé s'il étoit présent lors de la lecture faite par M. le marquis de Séran de la lettre à lui adressée, qui renfermoit celle pour M. le comte d'Artois; a répondu que oui.

76. Interrogé si la lettre pour M. le comte d'Artois, renfermée dans la première, étoit ouverte ou cachetée, soit avec un cachet volant, soit autrement; a répondu qu'il l'ignore, qu'il n'a pas porté sa curiosité jusqu'à le regarder; que M. le marquis de Séran lui ayant demandé s'il desiroit faire sa cour

à monseigneur, il lui a répondu que c'étoit une faveur dont il seroit très-reconnoissant; et pour en accélérer le moment, M. le marquis de Séran lui a dit qu'il le chargeoit d'aller lui porter la lettre qu'il lui remettoit.

77. Observé au répondant que la lettre pour M. le marquis de Séran, devoit amener celle pour le comte d'Artois, et demandé ce que la lettre pour M. le marquis de Séran disoit de cette dernière; a répondu que M. le comte de Maillebois lui avoit lu la lettre de recommandation, et qu'il ne paroissoit pas que cette même lettre contînt rien de plus.

78. Interrogé s'il étoit présent lors de la lecture, faite par M. le comte d'Artois, de la lettre que le répondant lui avoit portée; a répondu que non, qu'il n'avoit été qu'une minute avec M. le comte d'Artois, qui avoit pris la lettre et l'avoit mise dans sa poche.

79. Interrogé si M. le comte d'Artois a parlé au répondant, dans quelques autres entrevues, du contenu de cette lettre; a répondu que non.

80. A lui demandé s'il a su à Turin, ce qu'un grand nombre de personnes, sur-tout à la cour, savoient sur le plan offert à M. le comte d'Artois; a répondu que non.

81 Interrogé si la lettre qu'il a remise à M. le comte d'Artois, étoit une simple lettre, ou un paquet plus ou moins considérable; a répondu, qu'autant qu'il peut s'en souvenir, c'étoit une lettre en papier ordinaire, et une seule feuille, à ce qu'il croit, sous enveloppe.

81

82. A lui demandé pourquoi il dit qu'il ne connoissoit pas le complot de M. de Maillebois, puisque M. de Maillebois lui-même lui en parle dans ses lettres ; a répondu que depuis cette époque, il croit n'avoir reçu de M. le comte de Maillebois qu'une seule lettre, dans laquelle il l'informe que les bruits répandus dans Paris tombent ; que telles sont les nouvelles qu'il reçoit de ses parens et amis. Le répondant observe que c'est à peu près là ce à quoi se réduit cette lettre sur cet objet.

83. A lui demandé où il a reçu cette lettre, et quand ; a répondu que c'est à Anvers qu'elle lui est parvenue ; qu'il ne s'en rappelle pas précisément le jour.

84. A lui fait lecture de cette lettre datée du jeudi 15, et du post-scriptum daté de huit heures ; à lui observé que M. de Maillebois dit dans cette lettre, que les nouvelles de sa famille et de ses amis paroissent croire à une chûte prochaine du complot, etc. ce qui annonce que le complot étoit très-réel ; a répondu que c'est une négligence de style de la part de M. le comte de Maillebois, et non certainement une affirmation.

85. A lui demandé s'il avoit vu M. le comte de Maillebois avant de recevoir cette lettre, s'il l'a revu aussi depuis, toujours en Hollande, lors de son dernier voyage ; a répondu qu'il l'a vu en Hollande auparavant et depuis dans son dernier voyage.

86. A lui demandé quel avoit été le but de ce retour auprès de M. de Maillebois ; a

répondu que c'étoit pour lui faire ses adieux, au moment où M. de Maillebois quittoit Breda pour s'en retourner à la Haye, et lui répondant repartant aussi pour revenir en France.

87. A lui représenté qu'il étoit surprenant qu'il ne lui eût pas fait ses adieux dès la première fois; a répondu que M. le comte de Maillebois, comptant se reposer une demi-journée à Gorcum pendant sa route, il avoit désiré avoir auprès de lui le répondant, pour diminuer sa solitude; et que c'est de-là qu'il l'a quitté pour revenir à Paris.

88. A lui observé de nouveau, qu'ayant passé tant de temps avec M. le comte de Maillebois, il a dû avoir, sur le complot qui leur étoit attribué en commun, des conversations très-détaillées, et qu'une des réponses du précédent interrogatoire, paroît effectivement annoncer qu'il avoit eu des éclaircissemens à ce sujet avec lui; ce qui semble indiquer plus qu'une simple dénégation du complot; a répondu que M. le comte de Maillebois sait toujours s'arrêter au point juste où il veut porter sa confidence et ses épanchemens. Lecture faite du présent interrogatoire; M. le chevalier de Bonne a déclaré y persister, et a signé avec nous. Signés, *le chevalier de Bonne Savardin, Oudart, Perron, Garran de Coulon, Agier.*

Troisième séance. 23 mai 1790.

Le vingt-trois mai mil sept cent quatre-vingt-dix, nous, sousignés, membres du comité des recherches, nous sommes transportes à la prison de l'Abbaye, où nous avons continué à interroger M. le chevalier de Bonne ainsi qu'il suit :

89. Interrogé sur ses noms, âge, qualités et demeure ; a dit se nommer Bertrand Bonne Savardin, âgé de quarante-deux ans, ou environ, chevalier de l'ordre royal et militaire de Saint Louis, ancien gendarme de la garde, réformé, demeurant à Paris, cour de l'Orme, à l'Arsenal.

90. Interrogé pourquoi des raisons de santé et de fortune l'ayant déterminé, ainsi qu'il nous l'a dit, lors de son premier voyage, à aller demeurer en Savoie, au sein de sa famille, il n'y est pas resté, au lieu de revenir en France, comme il l'a fait ; a répondu qu'il croit avoir déjà satisfait à cette question ; qu'au surplus il répète que, présumant qu'on prendroit en France des renseignemens sur le peu de talens militaires qu'il pouvoit avoir, il s'étoit déterminé à venir à Paris ; qu'il a été fortifié dans cette idée, lorsque M. le marquis de Seran lui a remis une lettre pour M. le comte de Maillebois et un paquet à l'adresse de M. l'ambassadeur de Sardaigne.

91. Interrogé s'il sait pour qui étoit le paquet à l'adresse de M. l'ambassadeur de Sardaigne ; a répondu que, le croyant relatif à lui, il ne fut pas peu surpris lorsque M. l'ambassadeur ayant ôté la première enveloppe, M. l'ambassadeur lui fit voir que l'enveloppe

m 2

seule étoit à son adresse , et le paquet pour madame la marquise de Seran.

92. Interrogé s'il sait ce que contenoit le paquet, et pourquoi M. de Seran l'adressa sans aucune lettre à M. l'ambassadeur, au lieu de l'adresser directement à sa femme ; que ces deux faits paroissent peu croyables ; a répondu que ces faits sont exacts , et qu'il n'en sait pas davantage.

93. Interrogé s'il sait ce que contenoit la lettre pour M. de Maillebois ; a répondu qu'il ne l'a pas vue, mais que M. le comte de Maillebois lui a dit, qu'elle contenoit des dispositions favorables aux vues, que le répondant avoit d'entrer au service de la cour de Turin.

94. Interrogé si, au retour de son premier voyage, il n'a pas remis à M. le comte de la Châtre, une lettre de M. Mounier, que ce dernier lui auroit remise à Grenoble, où le répondant nous a dit l'avoir vu ; a répondu n'avoir jamais vu M. le comte de la Châtre qu'une seule fois , et ne lui a remis , ni fait remettre aucune lettre quelconque.

95. Interrogé quelle est la conversation détaillée qu'il a eu avec M. le comte de la Châtre , suivant la lettre de ce dernier ; a répondu que la conversation qu'il a eu avec M. de la Châtre s'est passée presque toute entière, en présence du fils de ce dernier, et quelle a porté sur l'intérêt que lui répondant desiroit lui inspirer, pour le déterminer à interposer ses bons offices, pour le succès de la demande de service qu'il avoit

faite antérieurement à la cour de Turin.

96. Après avoir fait lecture au répondant de ladite lettre, nous lui avons demandé pourquoi M. le comte de la Châtre annonce dans sa lettre cette conversation à M. Mounier, que le répondant ne connoît point particulièrement, ainsi qu'il nous l'a dit, et qui ne l'avoit point recommandé à M. de la Châtre ; pourquoi ce dernier observe même dans sa lettre que la conversation dont il s'agit a été aussi détaillée qu'il lui a été possible ; a répondu *qu'il ne sauroit rendre compte des motifs et des expressions de M. le comte de la Châtre*, qui ayant su du répondant qu'il avoit passé par Grenoble , lui a demandé s'il avoit entendu parler de M. Mounier ; à quoi il a répondu qu'il l'avoit vu quelques momens en société ; M. de la Châtre a repris : savez-vous s'il est à son aise ? Le répondant lui a dit qu'il l'ignoroit absolument. M. le comte de la Chatre alors a fait l'éloge de ses talens et de son honnêteté.

97. A lui observé qu'il résulte de la première phrase de la lettre, combinée avec la seconde, que le répondant avoit été chargé de rendre compte à M. Mounier d'une conversation que M. de la Châtre n'avoit pas eu le temps de mettre par écrit ; a répondu qu'il se réfère à sa dernière réponse.

98. Interrogé si cette conversation n'avoit pas pour objet de charger le répondant d'engager M. Mounier à prendre part au projet de M. de Maillebois, et notamment à rédi-

ger le manifeste qui devoit être un des premiers actes de l'exécution du projet, ainsi
que l'annonce la partie des lettres de Turin
qui a été lue au répondant, dans la séance
précédente, et qu'on lui a relue dans l'instant ; a répondu qu'il a rendu compte du
motif qui l'a conduit chez M. le comte de
la Châtre et de ce qui avoit fait le sujet de
leur conversation.

99. Interrogé s'il étoit instruit du contenu
de la lettre de M. de la Chatre à M. Mounier, lorsqu'il en a été chargé ; a répondu
que non.

100. Interrogé si M. de la Châtre ne l'avoit
pas chargé de la mettre en mains propres à
M. Mounier ; a répondu que non.

101. A lui observé que cette lettre semble
néanmoins s'en référer au répondant, pour
rendre compte de la conversation détaillée
dont elle parle, et qu'il n'est pas possible
que M. de la Châtre n'ait pas chargé le répondant d'en rendre compte à M. Mounier ; a
répondu que non, comme aux deux réponses
précédentes.

102. A lui représenté que le projet de faire
rédiger par M. Mounier, conjointement avec
M. de Lally-Tollendal, un manifeste, n'est pas
seulement assuré par les lettres de Turin,
mais encore dans le précis laissé au comité
par M. Massot de Grand'Maison, qui a déclaré avoir transcrit lui-même le projet dont
il nous a remis le précis, sur l'original de la
main de M. de Maillebois, sur la communication qui lui en avoit été faite, avec prière

de le transcrire, par le répondant, à l'appui de laquelle représention, nous lui avons fait lecture, tant de la déclaration faite au comité par M. Massot de Grand'Maison, le vingt-quatre mars dernier, que du précis du projet que ce dernier y a joint.

103. A répondu que, de quelque manière, et par qui que ce soit, qu'ait été assuré que le projet de faire rédiger par M. Mounier et M. de Lally Tollendal un manifeste, ait eu lieu, il n'en résulte rien qui ait trait au répondant ; que tout ce qu'a pu dire M. Massot de Grand'Maison, tant dans sa déclaration que dans son précis, *est loin de ce caractère d'évidence* qui peut seul faire ajouter foi au dire d'un secrétaire, qui se porte à dénoncer son bienfaiteur, et à impliquer un homme qui ne lui a donné que des marques d'amitié.

104. A lui représenté que cette réponse n'est point du tout précise, qu'elle ne contient ni aveu ni dénégation des faits sur lesquels le répondant vient d'être interrogé ; a répondu qu'il n'a entendu, dans sa réponse, mettre autre chose qu'une dénégation formelle.

105. A lui demandé si, par cette réponse, il entend nier avoir communiqué à M. Massot le projet de contre-révolution qui avoit été confié au répondant, par M. de Maillebois ; a répondu que oui.

106. A lui demande si, à l'époque du mois de février, il n'a pas remis à M. Massot quelque écrit de la main de M. Maillebois, pour le copier, attendu la peine que lui répondant avoit à en lire l'écriture ; a répondu que non.

107. Interrogé s'il n'étoit pas convenu entre
M. de Maillebois et le répondant, que les lettres
qui seroient écrites de Turin par ce dernier à
M. de Maillebois, seroient adressées à M. de
Grand'Maison, avec l'indication particulière de
deux étoiles, pour les remettre, sans les ouvrir à M. de Maillebois; a répondu qu'en effet
M. le comte de Maillebois ayant demandé au
répondant de lui donner de ses nouvelles, il lui
avoit observé que l'on ne manqueroit pas, si on
voyoit venir à son adresse des lettres de l'Etran-
ger, de les ouvrir et de les commenter d'une
manière quelconque; que dans la plupart des
affaires particulières de Hollande, il s'étoit servi
de l'adresse de M. de Grand'Maison, et qu'il
croyoit que le répondant feroit bien d'user du
même moyen; que cependant le nom de Grand-
Maison étant compromis dans une affaire de con-
trefaçon de billets de la caisse d'escompte, il
n'en craignoit pas les inconvéniens, les détails
de sa santé que le répondant pouvoit lui donner, n'intéressant que son amitié; ajouté que
par rapport à la prétendue indication des deux
étoiles, le fait n'étoit pas vrai; ce qui est prouvé
par la lettre écrite par le répondant de la Novalèse, et que M. de Grand'Maison a remise au
comité des recherches.

108. A lui observé que puisque les lettres du
répondant ne devoient contenir que des nouvelles de sa santé, M. de Maillebois n'avoit point
à craindre qu'elles pussent être commentées en
aucune manière, et que dès-lors la précaution
ci-dessus rappellée est inutile. Observé encore
au répondant que sa lettre, écrite de la Novalèse,

lèse , et déposée au comité, ne parle point de
santé ; a répondu qu'il a pu mal rendre l'intention de M. le comte de Maillebois, mais que
cette manière de s'expliquer ne détruit pas la
vérité ; que quant à la seconde observation ,
c'est pour ne pas toujours parler de lui, sur-
tout au moment où il se portoit bien, qu'il n'a
pas mention de sa santé.

109. A lui demandé s'il a écrit d'autres lettres
à M. de Maillebois, depuis son arrivée à Turin,
a répondu que oui, qu'il en a écrit deux ou
trois.

A lui observé que ce sont des nouvelles bien
suivies dans un si court délai, sur-tout quand il
n'est pas question de santé dans la dernière lettre, qui est de la Novalèse ; qu'il paroît constant qu'il y en a eu quatre en dix-sept jours, en
y comprenant celle de la Novalèse. A répondu
qu'il est peu sûr du nombre positif des lettres ;
qu'il étoit dans son usage d'écrire à M. le comte
de Maillebois presqu'à tous les couriers, depuis
plusieurs années.

111. A lui observé que par sa lettre de la No-
valese, il écrit à M. de Maillebois qu'il a une
lettre à lui remettre, et un paquet pour son ami
de la rue du Cherche-Midi ; ajoutant qu'il croit
qu'il sera nécessaire que cet ami le communique
à M. le comte de Maillebois ; qu'il résulte, ce
semble de là, que ce paquet dont il étoit porteur pour M. de Cordon, étoit bien pour ce
dernier, et non pour madame la marquise de
Séran, comme le répondant la déclaré dans une
de ses réponses précédentes ; a répondu qu'en
effet, présumant que le paquet contenoit les

n

(98)

pièces relatives à l'entrée au service de Sardaigne, qu'il sollicitoit; il avoit cru que le marquis de Cordon devoit les remettre à M. le comte de Maillebois, comme étant celui qui avoit mis le plus d'intérêt à ce qu'il obtînt la faveur qu'il étoit allé demander; qu'il a été déçu dans cette espérance, lorsque M. l'ambassadeur a eu ôté la première enveloppe.

112. A lui représenté qu'il paroît bien extraordinaire que M. le marquis de Séran ait donné de pareilles espérances au répondant, comme on doit le conclure de cela seul, que le répondant les avoit eues, et que cependant il ne se soit rien trouvé de relatif au répondant dans le paquet adressé à M. le comte de Cordon; a répondu qu'il est de toute vérité qu'au moment où le marquis de Séran lui a remis le paquet, le répondant a demandé s'il pouvoit compter sur l'obtention de la grace qu'il avoit sollicitée, à quoi M. de Séran a répondu qu'il croyoit que cela étoit contenu dans le paquet qu'il lui remettoit.

Lecture faite dudit interrogatoire, M. le chevalier de Bonne y a persisté, et a signé avec nous. Signé, *le chevalier de Bonne-Savardin, Garran de Coulon, Perron, Agier, Oudart.*

Quatrième séance, 24 mai 1790.

L'an mil sept cent quatre-vingt-dix le vingt-quatre mai, nous soussignés, membres du comité des recherches, nous sommes transportés à la prison de l'Abbaye, où nous avons continué à interroger M. le chevalier de Bonne, ainsi qu'il suit:

13. Interrogé sur ses noms, âge, qualités et demeures; a dit se nommer Bertrand-Bonne Savardin, *âgé de quarante-six ans et demi*, chevalier de l'ordre royal et militaire de Saint-Louis, ancien gendarme de la garde, réformé, demeurant à Paris, cour de l'Orme, à l'Arsenal; *observe que dans ses précédens interrogatoires, il s'est trompé sur son âge, étant né le 6 décembre 1783, ainsi qu'il vient d'être constaté par son extrait de baptême.*

114. Interrogé pourquoi il ne s'est pas contenté de prendre l'adresse du sieur de Grand-maison, pour écrire à M. de Maillebois; mais que dans le corps même de la lettre, il appelle celui a qui il a écrit, mon cher de Grand'maison; a répondu que ces lettres étoient si peu importantes, qu'il n'avoit point de raison pour que M. de Grand'maison n'en eut connoissance, lequel sieur Grand'maison n'en auroit pas manqué d'en donner connoissance à M. de Maillebois.

115. A lui présenté qu'il présente comme faux, le mémoire remis par le sieur de Grand-Maison au comité des recherches, dans lequel il est dit, entr'autres choses, que les frais du voyage de Thury à Turin ont été faits par M. Bourgevin de Saint-Moris; et que cependant ces faits sont constatés par le journal du répondant lui-même; a répondu que ce n'est point avec l'argent de M. le comte de Maillebois qu'il a fait les frais de ce voyage; qu'il est vrai cependant que c'est M. le comte de Maillebois qui lui en a fourni les moyens alors; mais M. de Maillebois n'a fait qu'acquitter vis-à-vis de lui une ancienne dette qu'il avoit contractée, lors même de la réforme

de sa légion. M. Massot de Grand-Maison doit se rappeler très-bien qu'à cette époque les états-généraux de Hollande ont accordé à chaque capitaine propriétaire l'armement et équipement de leur compagnie, que chacun de ces capitaines a vendus à son profit. Les gens d'affaires de M. de Maillebois ont non-seulement vendu les armes et équipemens des deux compagnies de cavalerie, et des deux autres d'infanterie, qui appartenoient à M. de Maillebois, mais encore les armes et équipemens de la compagnie d'artillerie, qui appartenaient au répondant. Cet argent est resté entre les mains des gens d'affaires de M. le comte de Maillebois, qui avoit toujours promis au répondant de lui en tenir compte, et qui l'a fait à l'époque de son voyage, en lui envoyant un effet de M. Bourgevin de Saint-Moris, sur lequel effet le répondant a reçu dix-huit cents francs par les mains de M. Moulin, demeurant rue Guénegaud, somme qui n'équivaut pas aux répétitions qu'il a à faire sur M. de Maillebois, relativement à l'objet dont il vient de nous parler.

116. Interrogé si c'est lui qui étant à Thury, a fait part à M. Massot de Grand-Maison de la remise entre ses mains, de l'effet souscrit par M. Bourgevin de Saint-Moris, au profit de M. de Maillebois, a répondu qu'il ne croit pas en avoir parlé à M. Massot, qui d'ailleurs n'a pas eu besoin de ce que pouvoit lui dire le répondant pour être informé de ce fait, puisque M. le comte de Maillebois ayant remis à M. Massot une lettre non cachetée, qui traitoit de cette affaire avec M. Moulin, M. Massot l'a gardée

plusieurs jours, et a fini par l'envoyer sous enveloppe au répondant, avec prière de ne pas
parler à M. le comte de Maillebois, du retard
qu'il avoit apporté à faire partir cette lettre, d'y
mettre l'adresse, et de l'envoyer à sa destination ;
ce que le répondant a fait.

A lui observé qu'il paroît tellement certain
que la somme procurée par M. de Maillebois
avoit pour objet les frais du voyage à Turin,
que le calcul des frais de poste a été fait entre
le répondant et M. de Maillebois, à l'époque de
son départ ; a répondu que, dans l'intention où
il étoit de faire ce voyage, il a souvent provo-
qué M. de Maillebois pour lui en fournir les
moyens, en acquittant l'ancienne dette ci-dessus
énoncée ; que le calcul des postes, fait avec
M. de Maillebois, est vrai, et est une suite des
connoissances locales et exactes qu'à M. de
Maillebois, non-seulement dans les provinces
de France, mais encore dans presque tous les
pays étrangers.

A lui demandé si , lors de la remise de l'effet dont
il s'agit , M. de Maillebois a dit au répondant qu'il
s'acquittait d'autant envers lui de son ancienne dette.
A répondu que M. de Maillebois n'est entré dans
aucun détail à cet égard , et que lui répondant a con-
signé dans son registre la somme reçue, non-seule-
ment pour s'en rendre compte , mais encore pour en
décharger M. de Maillebois.

A lui représenté que cette imputation n'est pas
faite sur le registre du répondant. A répondu que la
dette de M. de Maillebois vis-à-vis de lui étoit plus
ancienne que son registre , et que dans un moment
de loisir , il l'auroit portée en décharge dans le lieu
où la même date étoit consignée.

120 A lui demandé qui sont M. et madame
Vinai, habitans à Turin. — A répondu qu'il les
croit négocians, et qu'il leur a été présenté par
M. Giraud, un de leurs amis, que le répondant
ne connoissoit point particulièrement alors, mais
qu'il connoissoit beaucoup sa famille.

121 A lui demandé qui est M. Ducayla : a
répondu que c'est un maréchal de camp, gentilhomme attaché à M. le prince de Condé, chargé
en cette qualité, de présenter à son altesse.

122 *A lui demandé comment M. le marquis de
Séran l'a chargé, ainsi qu'il nous l'a dit dans un
de ses précédens interrogatoires, de présenter à M. le
comte d'Artois une lettre qui lui étoit adressée à lui-
même, marquis de Séran, pour la remettre au prince;
a répondu qu'il peut facilement rendre compte de ses
motifs, de ses démarches ; mais qu'il ne lui est pas également facile de rendre compte de ceux des autres.*

123 *Interrogé si M. le marquis de Séran ne l'a
chargé de présenter cette lettre, parce qu'elle contenoit
l'annonce d'un projet ou affaire quelconque dont le
répondant devoit donner l'explication ; a répondu que
lorsqu'il a eu l'honneur de voir monseigneur le comte
d'Artois à cette époque, son altesse a mis la lettre
dans sa poche sans la lire, ainsi qu'il nous l'a observé précédemment.*

124 Interrogé quel jour il a remis à M. le
marquis de Séran la lettre dont il étoit chargé
pour lui, et ensuite à M. le comte d'Artois celle
incluse dans la précédente : a répondu que c'est
le jour même de son arrivée à Turin.

125 Interrogé s'il a été ensuite présenté dans
les formes à M. le comte d'Artois, et par qui :
a répondu que n'y ayant point de gentilhomme

de la chambre auprès de son altesse, il a été présenté par le valet de chambre de service, peu de jours après.

126 *Interrogé pourquoi M. l'Ambassadeur de Sardaigne, dans la lettre qu'il lui a écrite le vingt-cinq avril, lui dit : je sais qu'on vous a fait chercher, et que vous pourriez bien encore être arrêté, quoique les bruits DE VOS PROJETS soient rallentis depuis quelques jours ; terme qui paroît annoncer que le répondant avoit réellement des projes qui étoient à la connoissance de M. l'ambassadeur, et dont les bruits couroient dans le public ; a répondu que CETTE NÉGLIGENCE DE STYLE n'est pas rare dans un billet non seigné ;* que M. l'ambassadeur, comme tout le monde, a dû être informé des bruits qui avoient couru, et qu'en instruisant le répondant qu'on l'avoit fait chercher, et qu'il pourroit encore être arrêté, il a voulu le mettre sur la voie, et lui rappeler les bruits qui avoient eu lieu, et qui se rallentissoient à l'époque du billet ; M. l'ambassadeur n'a certainement pu avoir une autre intention.

Interrogé ce que signifie le post-scriptum conçu en ces termes: » les choses sont d'ailleurs comme vous les avez laissées, et je n'ai rien appris de nouveau depuis vous « ; a répondu qu'il n'avoit pas eu l'honneur de voir M. l'ambassadeur, depuis l'époque où il lui avoit remis le paquet, qu'il croyoit contenir les assurances positives de l'obtention de la grace, que le répondant sollicitoit à la cour de Turin ; qu'il avoit manifesté sa surprise, lorsqu'il a été déçu, et avoit prié M. l'ambassadeur de vouloir bien l'informer, lorsque l'occasion s'en présenteroit, s'il n'avoit rien appris de nouveau à cet égard.

128 Interrogé pourquoi M. de Maillebois, à qui, suivant qu'il nous l'a dit précédemment, il n'écrivoit que des choses indifférentes, lui dit, dans la réponse du jeudi quinze : je vous remercie de vos nouvelles ; elles sont assez graves, chacune dans son genre ; a répondu que la lettre de M. de Maillebois dont il s'agit, est une réponse à une que lui, chevalier de Bonne, avoit écrite à M. de Maillebois, d'Anvers, et dans laquelle il lui faisoit part que le général Vander-Mersch avoit été arrêté et conduit à la citadelle d'Anvers, objet dont il se souvient positivement : l'autre nouvelle avoit apparemment trait aux affaires du Brabant, ce dont il ne se souvient pas.

129. A lui observé que sa réponse paroît peu d'accord avec le commencement du post-scriptum, où M. de Maillebois dit : » Je reçois dans le moment votre lettre, M. le chevalier, j'espère que vous aurez mis toute la prudence possible dans votre entrevue, si elle a lieu ; à lui demandé si toute ces précautions de prudence et ces nouvelles assez graves, chacune dans leur genre, n'ont pas trait plutôt au complot dont il est parlé dans le commencement de la lettre ; a répondu qu'elles n'ont trait qu'aux nouvelles que lui répondant avoit mandées à M. de Maillebois, et que la prudence que M. de Maillebois lui recommande, porte sur ce qu'il devait se rendre près du général de Klemberg, qui lui-même étoit peu compromis dans l'affaire du général Vander-Mersch, en raison de leurs liaisons. Le passe-port donné au répondant, par le général de Klemberg, attesteroit, s'il en étoit besoin, la vérité de ce qu'il vient de dire.

130. A lui demandé qui est M. de Crassier
dont il est parlé dans la même lettre de M. de
Maillebois; a répondu que c'est un député à
l'assemblée nationale, qui était Lieutenant-colonel de la légion de M. de Maillebois, et que le
répondant a connu à cette occasion, mais sans
avoir jamais eu de liaisons avec lui.

131. Interrogé ce que signifie cette autre phrase
de M. de Maillebois; un troisième avis plus entortillé semble croire qu'on attend des réponses
de T**; a répondu qu'il n'en sait rien.

132. A lui demandé ce que c'est *que la blécherie
du cherche-midi à quatorze heures*, dont il est encore
parlé dans la même lettre; a répondu qu'il n'a-
voit point entendu cette expression, et n'y a
attaché aucune importance.

133. A lui observé qu'il vient de déclarer qu'il
n'avoit pas entendu les deux phrases de la lettre
de M. de Maillebois, rappelées dans les deux
questions précédentes; qu'il a vu très-peu de
temps après M. de Maillebois; qu'il est impossible qu'ils n'aient pas parlé ensemble du sujet de
cette lettre, qui intéressoit essentiellement leur
honneur, leur liberté et leur vie à tous deux;
qu'en effet, c'est à ce qu'il paroît, le seul sujet
dont il soit question, tant dans cette lettre, que
dans d'autres adressées au répondant, et dont il
a été trouvé nanti; que d'après cela M. de Maillebois a dû nécessairement interpréter au répondant ces deux phrases, dans l'entrevue qu'ils ont
eue ensemble, par les détails où il a dû entrer
sur ce sujet; et qu'en tout cas le répondant n'a
pas pu oublier de lui en demander l'interpréta-
tion; a répondu que toutes les fois que M. le

o

comte de Maillebois ne s'expliquoit pas clairement et positivement vis-à-vis du répondant, il croyoit devoir respecter ses motifs, et n'en demander jamais compte.

134. A lui représenté que M. de Maillebois, en lui écrivant, a bien pu vouloir employer des expressions inintelligibles pour des tiers, mais qu'il seroit absolument déraisonnable de sup-poser qu'il eût voulu n'être pas entendu de celui-là même auquel il écrivoit, et que dès-lors le répondant n'ayant pas entendu une partie aussi intéressante de cette lettre, il a dû nécessaire-ment en demander l'explication, en supposant qu'elle ne lui eût pas été donnée sans la deman-der; a répondu que la lettre est généralement intéressante, et a été entendue par lui répon-dant, comme elle peut l'être par tout le monde; ce qui ne l'est pas également pour lui répondant, comme pour ceux qui l'interrogent, est le mot blêcherie du cherche-midi à quatorze heures. Car, quant à l'autre phrase qui parle d'un troisième avis plus entortillé, elle annonce que M. le comte de Maillebois a reçu deux avis antérieurs; et il paroît ne vouloir pas dire d'où part le troisième avis qu'il dit entortillé. Sur tout cela, il n'en est pas moins vrai que le répondant n'a fait nulle espèce de question, et ne peut par conséquent donner de solution plus précise.

135. Interrogé pourquoi, dans le billet de présentation aux duc de Génevois et comte de Maurienne, le répondant est qualifié de lieute-nant-colonel au service de France, quoiqu'il ne le soit pas; a répondu que, servant en France, il a, sans quitter ce service, servi aussi en Hol-

lande, où il a obtenu le grade de lieutenant-colonel; ce qui a vraisemblablement occasionné un quiproquo qui n'est point du tout de son fait.

136. Interrogé pourquoi, dans une passe-port du 28 mars dernier, signé de M. Durfort, commandant à Grenoble, le répondant se trouve qualifié lieutenant-colonel dans l'état-major de l'armée; a répondu qu'ayant réellement le brévet de lieutenant-colonel, ayant servi dans l'état-major de l'armée, fait connu de sa famille, c'est un de ses parens qui, pendant le court espace qu'il resta à Grenoble, à l'époque de ce passe-port, fut le demander à M. de Durfort, et qui a commis de son chef cette erreur; que ce parent est M. Gagnon, mari de la nièce du répondant; qu'au reste cette erreur est moins grave qu'on ne semble le présumer, puisque, lorsque l'année dernière il servoit dans l'état-major de l'armée, il a porté, de l'aveu du général, la marque distinctive de ce grade, et est allé faire part, dans les bureaux de la guerre, de la permission que le général lui avoit donnée.

137. A lui observé que son livre journal prouve qu'il a rendu des visites fréquentes à M. de Maillebois et à M. de Cordon, et pour ainsi dire au même instant à l'un et à l'autre, peu de temps avant son voyage de Turin au mois de février. A lui demandé l'objet de ses visites; a répondu qu'il alloit en effet souvent chez M. le comte de Maillebois, beaucoup plus rarement chez M. le marquis de Cordon; et que s'il est allé de chez le premier chez le dernier, c'est qu'aimant à rendre, par devoir et par attachement, ce qu'il

doit à ces messieurs, logeant à une grande distance de l'un et de l'autre, il profitoir, soit de la
voiture qui l'avoit amené, lorsqu'il en prenoit,
soit de la proximité où il se trouvoit alors.

138. Interrogé pourquoi n'allant à Thury que
pour recevoir de M. de Maillebois des lettres de
recommandation à la cour de Turin, ce dernier
a porté la prévenance jusqu'à envoyer ses chevaux prendre le répondant à Paris, et le porter
jusqu'à Beaumont ; a répondu que ce n'est pas
seulement pour obtenir des recommandations de
M. de Maillebois, non pour la cour de Turin,
pour laquelle M. de Maillebois ne lui en a point
donné, mais encore par attachement pour M. de
Maillebois, pour madame la marquise et M. le
marquis de Cassini, qu'il connoissoit depuis
long-temps, et à l'invitation desquels il ne s'est
pas toujours rendu ; que les chevaux que M. le
comte de Maillebois a bien voulu lui prêter
pour faire une partie de la route, dans les différens voyages et dans les différentes années où
il y a été, étoient pour diminuer les frais qu'en-
traînoient ces voyages ; qu'au reste le dernier
qu'il y a fait, a été avec des chevaux de poste.

139. A lui observé que, suivant son livre
journal, à l'époque du mois de février dernier,
ses relations avec M. de Maillebois deviennent
beaucoup plus fréquentes, quoique M. de Maillebois fût à la campagne ; qu'on le voit arriver à
Thury le 9, conduit par les chevaux de M. de
Maillebois, qui étoient venus le chercher la
veille, y rester les 10, 11 et 12, et en partir
le 13 à 4 heures et demie du matin, pour y retourner le 21, et en repartir le 22 : a répondu

que l'activité qu'on observe est motivée par le séjour de M. de Maillebois à la campagne, après un long séjour à Paris, où la goutte l'avoit retenu; que M. de Maillebois étoit parti peu de jours auparavant, pour se rendre lui-même à la campagne, et ne s'étoit point servi de ses chevaux, trop peu nombreux pour conduire sa voiture chargée comme elle l'étoit; que c'est ce qui a donné au répondant la facilité d'en faire usage; que s'il est reparti de Thury quatre jours après, et de si grand matin, c'est qu'il s'étoit chargé d'amener à Paris m^lle. Saint-Hilaire de Forceville, nièce de M. le marquis de Cassini, qui venoit pour affaires, et qui a logé à l'Observatoire chez madame de Cassini, sa tante, à ce que croit le répondant; qu'il est retourné en effet à Thury peu de jours après, et y est resté peu de temps; qu'il a rempli à cet égard l'engagement qu'il avoit pris avec ses hôtes, et est revenu à Paris, où ses affaires l'appeloient.

140. Interrogé pourquoi, pendant le court séjour du répondant à Turin, il s'est fait présenter, non-seulement à M. le comte d'Artois, mais au roi de Sardaigne et à toute sa famille, ainsi qu'à M. le prince de Condé; a répondu qu'ayant obtenu cette faveur, il a cru, comme sujet du roi de Sardaigne, et officier au service de France, devoir porter à leurs altesses le tribut de son hommage et de ses respects.

141. Interrogé pourquoi, son journal contenant exactement ce qu'il a fait à Turin, même les jours où il a simplement dîné à son hôtel, les 15 et 20 mars sont absolument en blanc dans ce même journal; a répondu qu'on trouvera plus

d'une fois, dans ce même journal, des dates en
blanc ; ce qui annonce, ou qu'il n'a pu se rendre
compte de ce qu'il inscrit ordinairement sur ce
journal, à l'époque où il a voulu soulager sa
mémoire, ou qu'il n'y a rien eu dans ces jours
qui nécessitât un mémento.

142. Interrogé pourquoi ce journal finit au
onze avril ; a répondu qu'ayant toujours été en
course depuis ce moment-là, il lui a été impossible de se rendre compte en détail de ses dépenses, objet particulier de ce journal. Lecture
faite dudit interrogatoire, M. le chevalier de
Bonne-Savardin a persisté dans ses réponses, et
a signé avec nous. Signés, *le chevalier de Bonne-
Savardin , Garran de Coulon , Agier, Perron ,
Oudart.*

Cinquième et dernière séance. 4 juin 1790.

L'an mil sept cent quatre-vingt-dix, le quatre
juin, nous soussignés, membres du comité de
recherches, nous sommes transportés à la prison
de l'abbaye saint Germain, où le chevalier de
Bonne a été par nous interrogé ainsi qu'il suit :

Interrogé sur ses noms, âge, qualités et demeure ; a dit se nommer Bertrand Bonne-Savardin , âgé de quarante-six ans et demi, chevalier
de l'ordre royal et militaire de St.-Louis, ancien
gendarme de la garde, réformé, demeurant à
Paris, cour de l'Orme , à l'Arsenal.

Interrogé à qui les trois lettres de Turin, suivant
une note de sa main (1), trouvée dans ses papiers,

_____

(1) Voyez cette note ci-après, n°.

étoient adressées, et ce qu'elles contenoient : a répondu qu'il ne croit avoir écrit de Turin que deux
lettres ; qu'il en a écrit une troisième , mais seulement lorsqu'il étoit à la Novalèse ; que toutes
trois étoient adressées à M. de Grand'Maison ;
que les deux premières ne contenoient que des
nouvelles de gazette , et que quant à celle de la
Novalèse , nous en avons l'original entre les
mains ; qu'au surplus, la note que nous venons
de lui présenter indique le contenu de la première lettre de Turin.

Interrogé pourquoi sa lettre écrite de la Novalèse , le vingt-quatre mars, commence par ces
mots : « j'ai enfin quitté Turin », lorsqu'il n'y
étoit resté que dix-sept jours : à lui observé que
cette expression semble indiquer qu'il étoit allé
à Turin pour une affaire qui réqueroit beaucoup de célérité, et dont il lui tardoit de rendre
compte ; a répondu que croyant être chargé
d'un paquet, qui, s'il n'annonçoit son admission
précise dans les troupes du roi de Sardaigne, lui
en donnoit au moins l'espérance , il étoit assez
naturel qu'il eût de l'empressement d'être éclairci
du fait ; qu'on en a d'ailleurs toujours à quitter
un pays où l'on connoît peu de monde , où l'on
dépense au-delà de ses moyens.

*Interrogé , si le jour où il s'est rendu au comité des
recherches , sur notre invitation , il n'a pas été dans
la matinée voir une personne à qui il a fait part de
cette invitation , et si le lendemain il n'y est pas retourné pour lui rendre compte de ce qui s'étoit passé
au comité ; à lui demandé quelle est cette personne :
a répondu que OUI, et que cette personne est le comte
de SAINT-PRIEST.*

Interrogé si, à l'occasion de ces deux visites, il n'a pas eu avec M. le comte de St.-Priest une conversation très-détaillée sur la révolution ; conversation qu'il a même trouvée si intéressante, qu'il l'a couchée par écrit et en a fait passer la narration à M. le comte de Maillebois ; a répondu qu'il n'a jamais pu avoir de conversation très-détaillée sur un objet de cette nature avec M. le comte de St.-Priest, qui n'avoit vraisemblablement pas de momens à perdre pour entrer dans tous ces détails avec lui répondant ; qu'il lui a parlé à la vérité, soit dans cette conversation, soit dans d'autres, ce dont il ne se souvient pas, de M. le comte de Maillebois, et que ce peut être là les détails dont il a entretenu M. le comte de Maillebois ; mais qu'il n'a point d'idées précises que ce soit à cette époque plutôt qu'à une autre.

Interrogé quelles personnes étoient présentes à ces visites ; a répondu qu'il ne s'en souvient pas, mais qu'il ne croit pas qu'il y eût personne de présent.

À lui représenté qu'il est étonnant qu'il ne se souvienne pas de cette conversation qu'il paroît annoncer dans une lettre à M. de Maillebois, du six décembre dernier, dont nous avons fait lecture ; lettre où il parle de cette conversation, comme ayant été très-longue, et dont il se propose de faire part personnellement à M. de Maillebois. Interrogé si M. le comte de Saint.-Priest n'est pas celui qu'il désigne dans cette lettre sous le nom de FARCY ; a répondu que nous ne lui avons fait la lecture de sa lettre que dans l'instant, par conséquent après sa réponse ; que cette lettre lui rappelle bien qu'il a causé avec M. de St.-Priest ; mais dire
précisément

précisément la nature de cette conversation est une chose
à lui impossible ; qu'à l'égard du nom de *Farcy* ,
annoncé dans sa lettre, il désigne en effet quelqu'un, qu'il ne pourroit pas annoncer que ce fût
M. le comte de St.-Priest ; que M. le comte de
Maillebois lui avoit alors donné des noms à la
place des véritables ; que ne les ayant pas con-
servés, il lui est impossible d'en faire aujourd'hui
l'application.

A lui observé qu'il se trouve en contradiction avec
lui-même , puisque d'une part il convient que la
phrase qui vient de lui être relue , lui rappelle la con-
versation qu'il a eue avec M. le comte St.-Priest , et que
de l'autre , il dit ne pas savoir si le mot FARCY ,
rappellé dans cette même phrase , pour indiquer la
personne avec laquelle il a eu conversation , désigne
ou non M. le comte de St.-Priest ; a répondu que
ce qu'on vient de lui dire lui a rappelé, en effet,
qu'il avoit causé avec M. le comte de St.-Priest,
mais n'a pu lui rappeler positivement cette
conversation ; que quant au nom de Farcy, que
l'ont veut appliquer à M. de St.-Priest, il a déjà
répondu que M. de Maillebois lui a donné des
mots dont il n'a pas conservé la clef, et dont
l'application lui est actuellement impossible.

En ce moment nous lui avons représenté un
écrit de sa main sur trois feuilles de papier à
lettre, dont nous lui avons lu le premier *alinea*
de la première page, la première ligne de la
quatrième, et ces premiers mots du dernier *ali-*
nea de cet écrit : « je fus, dimanche matin, faire
part à *Farcy* de tout ce qui s'étoit passé. » A
lui demandé si, d'après ces passages, il ne reconnoît pas que ce nom de *Farcy* désigne réel-

P

lement M. le comte de St.-Priest ; a répondu *qu'il paroissoit que c'étoit lui qu'il avoit voulu désigner, mais qu'une affirmation seroit hasardée en pareil cas.*

A lui donné lecture de son livre de raison, journées des cinq et six décembre, où nous lui avons fait remarquer que M. le comte de St.-Priest étoit véritablement le seul chez lequel il fût allé le matin du cinq décembre, (jour où il est venu au comité), et chez lequel il fut retourné le lendemain six, ainsi qu'il annonce l'avoir fait à l'égard de *Farcy*, dans la conversation dont nous lui avons lu quelques phrases ; a répondu *que la lecture qu'on lui a fait de son livre de raison, aux dates annoncées, marque une conformité des noms de M. le comte de St.-Priest et de FARCY ; mais qu'encore une fois, il ne peut affirmer que ce soit la même personne.*

A lui donné lecture des trois premières pages de l'écrit dont il vient d'être parlé, et qui contiennent la relation de la première visite faite à *Farcy*, avant d'aller au comité ; lu ensuite le dernier *alinea* du même écrit, qui parle de la seconde visite ; à lui demandé si, d'après cette lecture, il est enfin pleinement convaincu que *Farcy* désigne M. le comte de St.-Priest ; a répondu *qu'il a déjà dit, et qu'il le répète, qu'il y a des rapprochemens dans ces deux noms ; mais que l'affirmation est encore une chose impossible, pour ne pas compromettre la vérité.*

A lui observé qu'il est inconcevable que, non-seulement d'après tous les renseignemens qui viennent de lui être donnés, mais d'après la lecture de la conversation entière, telle qu'il l'a écrite, il ne se rappelle pas d'une manière certaine quelle est la personne avec

qui il a eu cette conversation : a répondu *qu'en effet*
il y a de grands rapprochemens entre les noms ; mais
qu'il ne peut pas hasarder une affirmation dans un
fait dont il n'est pas physiquemeut sûr.

Interrogé quelle est la personne qu'il a désignée
dans la conversation dont il s'agit par le nom
de *Betville* ; a répondu que n'ayant plus la clef
des noms en remplacement , il n'osera jamais
affirmer à qui ils doivent précisément s'appliquer.

A lui observé que son récit paroît néanmoins
lui fournir un assez grand nombre de données
pour le remettre sur la voie , et puisque *Bet-*
ville paroît être un homme qui a de grands rapports avec la milice ou garde nationale de Paris ,
auquel le répondant suppose une ambition vaste ,
qui est (selon lui) en mesure , et auquel on a
imputé le desir d'être connétable ; a répondu que ,
dans le temps qu'il écrivoit à M. le comte de
Maillebois, qui étoit à la campagne , il lui parloit de ce qu'il entendoit dire çà et là ; que les
noms se plaçoient alors sous sa plume , d'après
le tableau de ceux qu'il représentoit et qu'il
avoit sous les yeux , et qu'aujourd'hui, à une
grande distance de cette époque , les scènes
ayant infiniment varié , il lui est, comme il l'a
déjà dit , d'une impossibilité physique de dire
précisément à quels noms s'applique tel ou tel
autre.

A lui demandé s'il sait ce que signifie le nom
d'ADRIEN ; a répondu *qu'il désignoit M. le comte*
de Maillebois ; que tous ceux dont il sera positivement sûr , il n'hésitera point de les nommer,
mais qu'on ne peut lui savoir mauvais gré de ne
pas hasarder ce dont il n'est pas certain.

A lui demandé s'il sait aussi ce que c'est que *M. de Culan*, et en même temps nous lui avons donné lecture de l'endroit de la conversation où il en est parlé ; a répondu que n'étant pas sûr de la personne désignée par ce nom là, il ne hasarde pas davantage d'en faire l'application.

Interrogé s'il ne se rappelle pas du moins avec vraisemblance, quoique non pas, suivant lui, avec une entière certitude, ce que signifie le nom de *Culand*, d'après les indications précises et multipliées que présente à cet égard la conversation ; a répondu que si on lui eût présenté tous ces détails à l'époque où ils ont été donnés ou à-peu-près, ces rapprochemens, qui paroissent n'être pas une énigme pour les membres du comité, n'en seroient certainement pas une pour lui non plus ; mais qu'à une grande distance du temps, cette conversation, qui lui a paru intéressante, au moins pour alimenter les entretiens de la campagne, ne lui a pas paru cependant assez importante pour y avoir réfléchi depuis, et s'en être meublé la mémoire.

Interrogé s'il se rappelle ce que signifie le nom d'*Ermand*, qui se trouve dans la même partie de l'écrit en question ; a répondu que ce mot-là est dans la classe de tous les autres.

Interrogé s'il sait ce que signifie le nom d'*Hardiment*, qui se trouve à la fin de l'écrit ; a répondu comme à la question précédente.

A lui demandé pourquoi il avoit eu recours, de concert avec M. de Maillebois, dans sa correspondance avec lui, à un travestissement de noms, pour l'explication desquels il étoit besoin

de recourir à une clef; a répondu qu'à cette
époque ce n'étoit point une chose nouvelle
entre M. le comte de Maillebois et lui ; qu'elle
avoit pris naissance à l'instant où M. le comte de
Maillebois l'avoit prié de traiter de ses affaires
en Hollande , et lorsque le répondant étoit allé
traiter celles qu'il avoit avec la république personnellement.

A lui demandé quelles étoient les personnes
ou le genre de personnes qu'avoit pour objet ce
travestissement de noms ; a répondu celles qui
avoient trait, tant à ses affaires personnelles, ses
connoissances mêmes, que celles qui étoient de
la connoissance de M. le comte de Maillebois,
ou qui avoient des rapports avec lui.

A lui demandé s'il se rappelle quand cette clef
a été faite ; répondu : d'abord à l'époque où il
est allé en Hollande pour y traiter ses affaires
personnelles , et où M. le comte de Maillebois
le pria de donner quelques soins aux siennes
propres, en octobre mil sept cent quatre-vingt-
sept ; puis , suivant les circonstances, les noms
ont été changés ou ajoutés.

A lui demandé ce qu'est devenue cette clef ;
a répondu qu'elle auroit dû se trouver dans ses
papiers, ainsi qu'un passe-port de M. de Montmorin, qui lui avoit été donné à l'époque désignée ci-dessus.

A lui observé que non-seulement cette clef
et passe-port ne se trouvent point dans les papiers qui nous ont été remis, mais encore que,
par ses réponses précédentes , il n'a point sup-
posé que nous eussions cette clef; que ces réponses supposent même que nous ne l'avons

point, puisqu'il n'a point demandé qu'on la lui représentât : *a répondu que nous ne lui avons d'abord fait lecture que d'une très-petite partie du contenu dans l'écrit sur lequel porte l'interrogatoire actuel ; qu'il ignoroit nos motifs et les formes usuelles en pareils cas*, et si nous ne voulions pas obtenir de lui répondant l'aveu de ce que nous lui demandions avant que de lui montrer la clef dont il est question.

A lui observé qu'il résulte de sa conversation écrite, et des explications qu'il vient de nous donner, que *Farcy*, qu'il convient lui-même être probablement M. de St.-Priest, lui a fait ouverture d'un projet de contre-révolution, et que le répondant, de son côté, a proposé à M. de St.-Priest, M. le comte de Maillebois pour être à la tête de l'entreprise ; a répondu qu'il ne croit pas qu'il puisse jamais résulter de la conversation dont il s'agit, et des aveux faits par le répondant, qu'il ait été question d'ouverture de projet de contre-révolution par M. le comte de St.-Priest, que le répondant ne peut encore assurer être celui désigné par le nom *Farcy ;* qu'il ne croit pas, par la connoissance qu'il a du personnel de M. le comte de St.-Priest, qu'il fût jamais l'apôtre d'une contre-révolution ; que très-certainement lui répondant n'auroit pas hasardé, en pareil cas, de lui nommer M. le comte de Maillebois, pour être, comme général, à la tête de l'entreprise ; que lorsqu'il lui a parlé de M. le comte de Maillebois, (ce qui lui est arrivé souvent et long-temps avant la révolution), c'est d'après la conviction de ses talens politiques et militaires, et l'avantage dont il est encore trèspersuadé qu'un pareil homme pourroit être dans son pays, pour lequel, malgré son éloignement, il a conservé tous les sentimens d'un bon citoyen ; que c'est ainsi au moins qu'il l'a toujours entendu, sans s'expliquer.

Interrrogé quelle devoit être, suivant lui, la destination de l'armée à laquelle il vouloit qu'on donnât pour chef M. de Maillebois ; a répondu que M. le comte de la Tour-du-Pin, dans le plan qu'il avoit donné de l'armée françoise, l'avoit divisée en plusieurs parties ; que c'est une de ces parties à la tête de laquelle il auroit désiré voir le M. comte de Maillebois.

A lui observé que, suivant l'écrit dont il s'agit, il n'est point question de trois armées, ou de trois parties d'armées, dirigées par des chefs différens, mais d'une armée unique pour laquelle on proposoit M. de Maillebois, sous le nom d'*Adrien*, en examinant pourquoi elle ne seroit pas commandée par celui qu'on désignoit par le nom de *Culan* ; qu'il s'agissoit de s'en servir pour conduire le roi dans les provinces, malgré les efforts et la poursuite de la milice nationale ; que tel étoit si évidemment l'objet unique de cette armée, que le répondant objectoit à cette occasion, qu'on n'avoit pas de moyens, parce qu'on n'avoit pas de troupes ; qu'il demandoit où on en trouveroit, objection et demande qui n'auroient pas été proposables, s'il eût été question des troupes de ligne ordinaires ; que l'écrit ajoute que, suivant le répondant, il paroissoit nécessaire et préalable de se débarrasser de *Betville*, par lequel on paroît avoir entendu le commandant de la garde nationale ; a répondu

qu'il n'avoit pas entendu , en parlant de M. le
comte de Maillebois, le désigner pour commander
les troupes du royaume , mais pour avoir un commandement particulier, suivant le plan de M. le
comte de la Tour-du-Pin , présenté à l'assemblée nationale, et qui a été connu de tout le
monde ; que ce plan ne contenant qu'un petit
nombre de divisions , il lui paroissoit difficile
que l'on ne donnât pas un commandement à
quelques autres officiers connus dans l'armée par
leurs talens , et dont les idées pourroient être
en contrariété avec celles de M. le comte de
Maillebois , et qu'alors les prétendans pouvoient
être assez nombreux , pour qu'il ne restât pas
de places pour un officier dont le mérite ne le
cède sûrement à aucun autre , mais qui se
trouve dans un service étranger ; qu'au reste les
troupes du roi sont identifiées avec les milices
nationales, les unes et les autres étant compo-
sées de citoyens ; qu'il seroit en effet embarrassant si toutes marchoient à-la-fois ; que delà est
venue l'idée de séparer ces corps respectifs , et
de ce grand nombre naîtroit nécessairement une
confusion nuisible au pays dans lequel on seroit ; *qu'en disant que l'on n'avoit pas de troupes ,
il avoit entendu qu'en effet ces mêmes troupes n'ayant
point encore prêté serment entre les mains des municipalités, on pourroit peu compter sur elles ;* qu'il n'a
jamais entendu qu'on dût se débarrasser du commandant de la garde nationale , dont les talens
lui sont plus connus qu'à beaucoup d'autres ,
et auquel il a depuis long-temps voué attachement et reconnoissance ; non qu'il reconnoisse
non plus que le mot *Berville* soit applicable au
commandant dont il s'agit.

Interrogé pourquoi, s'il n'étoit pas question d'une contre-révolution pour le printems alors prochain, dans cette conversation, il a parlé d'un voyage du roi dans les provinces durant la tenue de l'assemblée nationale, et des poursuites de la garde ou milice nationale qui s'y opposeroit : a répondu que ce n'est pas lui qui a parlé du projet d'un voyage dans les provinces; qu'il croit au reste que Sa Majesté avoit elle-même donné cette espérance à ses peuples ; que, dans cette supposition, sa majesté avoit pu croire que les travaux de l'assemblée nationale seroient terminés, et que l'opposition, s'il pouvoit y en avoir à un acte de bienfaisance, ne pourroit certainement partir que de l'amour extrême de son peuple de Paris, qui, se regardant comme les fils aînés d'une famille, dont le roi est le père, craindra toujours de le voir éloigner, malgré la certitude d'un retour aussi prochain que nécessaire.

A lui observé que toute la teneur de l'écrit, et particulièrement ces mots : « Ne craignez-vous » pas que toute cette milice n'y mette des en-» traves ; qu'elle ne veuille vous suivre, et ren-» dre *vos projets* sans effet ? », indiquent plutôt un enlèvement du roi à main armée, contre son gré et contre son peuple, qu'un voyage volontaire dans les provinces. A répondu, qu'il est impossible qu'il existe des hommes assez audacieux pour oser porter la main *sur l'oint du Seigneur*, et que l'opposition dont est question, n'auroit pû partir que d'un amour extrême de la milice de Paris, qui ne pourroit voir sans peine une absence de sa majesté, et sans former le plan de la suivre, ce qui deviendroit réelle-

q

ment embarrassant , tant par le nombre de bou-
ches que par la quantité de logemens que cela
entraîneroit ; ce qui nécessiteroit alors le désis-
tement, de la part de sa majesté , d'un projet
qu'elle n'auroit conçu que dans son amour pour
son royaume en général.

A lui fait lecture des autres parties de l'écrit
dont il s'agit, où il est question de la comparution que le répondant venoit de faire au comité
le cinq décembre dernier ; et observé que le
compte qu'il rend est extrêmement inexact et
même infidèle ; que jamais les membres du comité n'ont manqué d'égards à ceux qu'ils y ont reçus, et qu'ils les ont encore moins menacés; qu'au
surplus, cette comparution fut si courte et si
peu importante (parce que le répondant ne fit
aucune déclaration), qu'on ne jugea pas convenable d'en dresser aucun procès-verbal , ajoutant qu'on ne peut se dispenser de faire ici cette
réclamation , uniquement parce que le compte
de cette comparution se trouve dans une pièce
qui est importante pour l'objet de cet interrogatoire. A répondu qu'il est impossible qu'il n'ait
pas rendu un compte exact de ce qui s'est passé ;
mais que dans ce moment-ci , comme dans tous
les tems, il est bien loin d'avoir eu l'intention
de rien dire qui puisse blesser qui que ce soit,
et moins encore des membres d'un comité qu'il
a avoué lui-même avoir mis beaucoup d'honnêteté dans leurs procédés, temoignage qu'il se plaît
à rendre comme un hommage à la vérité. Lecture
faite du présent interrogatoire, mondit sieur le
chevalier de Bonne a déclaré persister dans ses
réponses, et a signé. *Signé*, le chevalier de Bonne-
Savardin , Garran de Coulon , Agier et Perron.

N°. 6.

TROIS lettres trouvées dans le porte-feuille de M. Bonne-Savardin.

Observations sur ces lettres.

LA première est de M. Maillebois à M. Bonne-Savardin. La signature, qui est abrégée, et formée de lettres entrelacées les unes dans les autres, *n'a pas pu être déchiffrée* par messieurs de la municipalité de Pont-Beauvoisin (voyez ci-dessus leur procès-verbal, pag. 11); avec de l'attention néanmoins, on y reconnoît fort distinctement les lettres initiales du nom de M. *le ci-* devant *comte de Maillebois.*

D'ailleurs l'écriture, aussi-bien que le cachet, sont constamment ceux de M. Maillebois. M. le maire de Paris a fait remettre au comité une lettre que M. Maillebois lui a écrite d'Anvers, le 1er avril, et qui peut servir de pièce de comparaison.

Enfin M. Bonne-Savardin est convenu, dans son interrogatoire, que cette lettre lui avoit été écrite par M. Maillebois (Voyez ci-après l'interrogatoire, art. 82, 83 et suiv.).

La seconde lettre est de M. le marquis de Cordon, ambassadeur du roi de Sardaigne : elle est sans signature; mais le cachet, le même que

q 2

celui d'un passe-port de monsieur l'ambassadeur, trouvé sur M. Bonne-Savardin, nous ont tout-d'un-coup mis sur la voie, et M. Bonne-Savardin est effectivement convenu, dans son interrogatoire, que cette lettre étoit de M. de Cordon (Voyez l'article 28 et plusieurs autres).

Cette lettre est une de celles que M. Bonne-Savardin a voulu déchirer lors de son arrestation.

La troisième est de M. la Chastre (ci-devant comte de la Chastre), membre de l'assemblée nationale, à M. Mounier.

C'est l'autre lettre que M. Bonne-Savardin avoit commencé de déchirer au moment de son arrestation.

M. Bonne-Savardin a refusé long-temps d'en dire l'auteur; il a prétendu ne pas savoir par qui cette lettre avoit été écrite, ni même qui la lui avoit remise (Voyez interrogatoires, art. 22, 23 et 24); mais enfin il a avoué (art. 58) que cette lettre étoit de *M. le comte de la Chastre.*

Première lettre.

Jeudi, 15 (1).

LES nouvelles de ma famille et de mes amis paroissent croire *à une chûte prochaine DU COM-*

---

(1) C'est le jeudi, 15 avril, le seul jeudi depuis le commencement de l'année qui tombe au 15 du mois; M. Bonne-Savardin ne méconnoît pas cette date (Voyez interrogatoires, art. 84 et suiv.).

PLOT (1). D'autres, et sur-tout une de M. de Crassier (2), annonce que le plus fort argument est une lettre de la Novalèse (3). Un troisième avis plus entortillé, semble croire qu'on attend des réponses de T*** (4) ; ainsi je vois que sans cette lettre très-inutile de la Novalèse, et la blêcherie du cherche-midi à quatorze heures (5),

---

(1) M. Bonne Savardin prétend, dans son interrogatoire (art. 84), que ce mot est *une négligence de style*.

(2) *M. de Crassier* est un membre de l'assemblée nationale, qui a servi en Hollande sous M. Maillebois (Voyez interrogatoire, art. 130).

(3) La lettre déposée au comité par M. Massot Grand'-Maison, et imprimée ci-dessus.

(4) De *Turin*. Il paroît que les amis de M. Maillebois étoient parvenus à découvrir que le comité de recherches de l'assemblée nationale avoit des correspondances avec Turin, et en attendoit des éclaircissemens ultérieurs. M. Bonne Savardin a prétendu ne pas savoir ce que cette phrase signifie.

(5) On a demandé à M. Bonne-Savardin le sens de ces expressions : *la blêcherie du cherche-midi à quatorze heures*. Il a prétendu ne pas les entendre, et n'en avoir pas demandé l'explication à M. Maillebois, qu'il a vu depuis (Interrogatoire, art. 132 et suiv.). Cette phrase est visiblement une allusion au paquet destiné pour *l'ami de la rue du Cherche-midi*, dont il est parlé dans la lettre de la Novalèse. M. Maillebois taxe d'indiscrétion cette annonce, dont son envoyé auroit pu se dispenser, et il l'appelle une blêcherie. BLÊCHERIE paroît signifier ici *sottise*. Voyez dans le dictionnaire de Trévoux le mot BLÊCHE.

cela seroit bientôt fini. Il n'y a rien de changé
pour le rendez-vous de dimanche. Je vous renouvelle, monsieur le chevalier, mes fidèles
sentimens.

À 8 h. Je reçois (1) dans le moment votre
lettre, monsieur le chevalier; j'espère que vous
aurez mis toute la prudence possible dans votre
entrevue, si elle a lieu. Vous allongeriez en effet
de beaucoup en passant par Boisleduc; infor-
mez-vous du chemin droit, que l'on dit être par
Silberg; mais on ne le sait pas juste. Je vous remercie de vos nouvelles; elles sont assez graves,
chacune dans leur genre. Je vous souhaite le bon
soir; n'oubliez par le banquier Werbrones.
Au dos est écrit : à monsieur le chevalier de
Bonne, à l'hôtel de l'Ours, place de Maire, à
Anvers.

Seconde Lettre.

JE suis fâché de vous savoir à Paris, monsieur.
Quelque caché que vous puissiez y être, je ne
vous y crois pas en sûreté; je sais qu'on vous
a fait chercher, et que vous pourriez bien encore être arrêté, *quoique les bruits DE VOS PRO-
JETS* (2) *soient rallentis depuis quelques jours.*
Vous sentez que, dans ces circonstances, ce se-

(1) M. Bonne-Savardin explique ou cherche à expliquer
ce *post-scriptum* dans son interrogatoire, art. 128 et 129.
(2) M. Bonne-Savardin prétend encore dans son interrogatoire (art. 126) que c'est-là une *négligence de style*, qui
n'est pas rare (ajoute-t-il) dans un billet non signé.

roit me compromettre que de vous recevoir chez moi, et je n'en veux pas courir le risque ; vous m'obligerez donc de n'y pas paroître, et de vous tenir caché, si vous ne préférez de vous éloigner encore pour quelque temps ; ce qui me paroît le plus sage.

Ce 25 avril 1790. *P. S.* Les choses sont d'ailleurs comme vous les avez laissées, et je n'ai rien appris de nouveau depuis vous (1).

Sur l'enveloppe est écrit : à monsieur , monsieur le chevalier de Bonne, à l'Arsenal, Cour des princes.

Troisième Lettre.

JE n'ai pas le loisir , mon cher ami , de causer avec vous ; la personne qui vous remettra ce billet, a eu avec moi une conversation aussi détaillée qu'il lui a été possible. J'aurois bien desiré que l'assemblée nationale me rendît ma liberté pour aller prendre l'air de Suisse, et vous embrasser en passant. Donnez-moi de vos nouvelles, et comptez sur moi en tout et par-tout (2).

Ce 27 avril.

Au dos est écrit : à monsieur, monsieur Mounier, et cachetée avec un pain rouge.

---

(1) Voyez dans le même interrogatoire (art. 127), comment M. Bonne-Savardin explique ce *post-scriptum.*

(2) Voyez dans l'interrogatoire, art. 18, 20 et 21, 59, 60, 61 et 62, 94 et suivans, jusqu'à l'article 104, inclusivement, les questions qui ont été faites à M. Bonne-Savardin au sujet de cette lettre, et ses réponses.

LETTRE de M. Bonne-Savardin à M. Maillebois, par laquelle il lui annonce une conversation importante qu'il a eue avec un
personnage désigné entr'eux sous le nom
de *Farcy*, et récit détaillé de cette conversation, écrit par M. Bonne-Savardin
lui-même.

Observations.

JUSQU'ICI l'on n'a apperçu, dans cette affaire, que deux
personnages, MM. Maillebois et Bonne-Savardin. Les pièces
suivantes vont en découvrir un autre, d'autant plus digne de
fixer l'attention, qu'il occupe une place plus éminente ; c'est
M. Guignard (ci-devant comte de Saint-Priest), ministre et
secrétaire d'état, désigné, par convention entre MM. Maillebois et Bonne-Savardin, sous le nom de *Farcy*.

Pour l'intelligence de ces pièces, il faut se rappeller que
M. Bonne-Savardin, demeurant à l'Arsenal, fut indiqué au
comité, alors occupé de l'affaire de MM. Besenval et autres,
comme pouvant donner des renseignemens sur la prise de la
Bastille, et les circonstances qui l'ont précédée. Il avoit d'ailleurs été aide-de-camp du maréchal de Broglie, lors de la
révolution (fait inconnu au comité, qui l'a appris de lui-
même) ; et, à ce titre, il devoit être informé de beaucoup
de choses. M. Bonne-Savardin fut donc mandé au comité le
4 décembre dernier, pour le 5 au soir, et il y parut. La con-

férence fut courte ; M. Bonne-Savardin prétendit ne rien savoir. Mais l'invitation qu'il avoit reçue du comité, lui parut
assez importante pour aller en faire part, dès le 5 au matin.,
à M. de Saint-Priest ; et le lendemain il retourna lui rendre
compte de ce qui s'étoit passé au comité. C'est dans la première de ces visites qu'a eu lieu la conversation dont il s'a-
git ici.

Nous avons à établir que M. de Saint-Priest est réellement
le personnage désigné par M. Bonne-Savardin, sous le nom
de *Farcy* ; et la démonstration est complette.

Le récit même, écrit par M. Bonne-Savardin, nous donne
une indication sûre pour découvrir ce personnage. C'est,
suivant ce récit, un individu chez lequel il a été le 5 décembre, avant de paroître au comité, pour lui faire part de l'invitation qu'il avoit reçue la veille, et chez lequel il est retourné le lendemain matin, pour lui rendre compte de ce qui
s'étoit passé.

Or, en premier lieu, M. Bonne-Savardin, suivant son
livre-journal (1), a réellement été chez M. Saint-Priest, dans
la matinée du 5 décembre, jour où il fait note, dans ce même
livre, de sa comparution au comité. Il y est retourné, suivant le même journal, le lendemain 6 ; et c'est la seule personne, toujours d'après le journal, qui ait été visitée par lui
consécutivement à ces deux époques.

En second lieu, nous avons demandé à M. Bonne-Savardin, art. 145 de son interrogatoire, « si le jour où il s'est ren-
» du au comité des recherches, sur notre invitation, il n'a
» pas été, dans la matinée, voir une personne à qui il a
» fait part de cette invitation, et si, le lendemain, il n'y est

_____

(1) Voyez ci-après, n°. 8.

r

» pas retourné , pour lui rendre compte de ce qui s'est pas-
» sé au comité ». A lui demandé quelle est cette personne ;
voici la réponse de M. Bonne-Savardin : elle est précise ; *a répondu que oui , et que cette personne est le comte de Saint-
Priest.* Il a voulu ensuite prétendre qu'il n'étoit pas sûr que
ce fût avec M. Saint-Priest qu'il eût eu la conversation par
lui rapportée ; mais, sur le premier point, il n'y a pas eu
d'équivoque : c'est M. Saint-Priest, et nul autre, à qui il a
rendu les deux visites du 5 et du 6, l'une avant de venir au
comité , pour lui faire part de l'invitation qu'il avoit reçue ,
l'autre après y être venu , pour l'instruire de ce qui s'étoit
passé.

Enfin , M. Bonne-Savardin , malgré ses réponses évasives,
n'a pu s'empêcher de faire des confessions qui diffèrent peu
d'un aveu formel. Il convient que son livre de raison aux
dates énoncées, marque *une conformité des noms de M. le
comte de Saint-Priest et de Farcy* (1) ; *qu'il y a des rapprochemens entre ces deux noms* (2), *de grands rapprochemens* (3) ;
*qu'il paroît que c'est M. de Saint-Priest qu'il a voulu dési-
gner* (4).

La vérité lui a même échappé sur un point important, dès
les premiers pas de son interrogatoire.

A lui demandé (5) si , à l'occasion de ces deux visites par
lui avouées, il n'a pas eu , avec M. le comte de Saint-Priest ,
une conversation très-détaillée sur la révolution ; conversa-

(1) Interrogat. art. 15.
(2) Même pièce, art. 152.
(3) Même pièce, art. 153.
(4) Même pièce , art. 150.
(5) Art. 146.

tion qu'il a même trouvée si intéressante, qu'il l'a couchée par écrit, et en a fait passer la narration à M. le comte de Maillebois;

Il répond d'abord (ne sachant pas qu'on eût pièces en main pour le convaincre) qu'il n'a jamais pu avoir de conversation très-détaillée, sur un objet de cette nature, avec M. le comte de Saint-Priest, qui n'avoit vraisemblablement pas de mo-mens à perdre pour entrer dans tous les détails avec lui.

On lui représente (1) qu'il est étonnant qu'il ne se sou vienne pas de cette conversation, qu'il paroît annoncer dan une lettre à M. de Maillebois, du 6 décembre dernier; et on lui fait lecture de cette lettre, dans laquelle il parle de la conversation, comme ayant été très-longue. Il répond alors que la lettre qu'on vient de lui lire, *lui rappelle bien qu'il a causé avec M. de Saint-Priest*; et l'interlocuteur avec lequel il a eu la conversation, n'est désigné, dans cette lettre, que par le nom de *Farcy.*

On lui relit la phrase (2), et il répond de nouveau *que ce qu'on vient de lui lire lui a rappellé en effet qu'il avoit causé avec M. le comte de Saint-Priest.*

Comment contester actuellement que M. Saint-Priest soit le personnage désigné par M. Bonne-Savardin, sous le nom de Farcy?

Tous les signes caractéristiques qu'offre le détail de la conversation, s'adaptent parfaitement à M. Saint-Priest. *Farcy* est évidemment un homme en place, un homme considérable, qui peut influer dans le choix des générarx, et est à la tête de l'administration.

_____

(1) Art. 148.
(2) Art. 149.

r 2

Le livre-journal de M. Bonne-Savardin constate ses relations fréquentes avec M. Saint-Priest, et il n'en disconvient
pas ; il avoue même lui avoir souvent parlé de M. Maillebois (1).

Les autres personnages énigmatiquement désignés dans le
récit de la conversation, ne sont pas plus difficiles à reconnoître.

Betville, qui a de grands rapports avec la milice ou garde-
nationale de Paris, à qui M. Bonne-Savardin prête, dans son
récit, une ambition vaste, qui est (suivant lui) en mesure,
auquel les ennemis de la révolution ont osé imputer des projets, celui entr'autres d'être connétable, mais qui a été jus-
tifié, sur ce point-là même, par tous ceux qu'une extrême
passion n'a pas aveuglés ; cet homme est, à n'en point douter,
M. la Fayette.

Adrien est M. Maillebois ; M. Bonne-Savardin l'a reconnu
dans son interrogatoire (2).

M. de Culan, auquel M. Bonne-Savardin appréhende de
voir confier le commandement des troupes destinées à opérer une contre-révolution, qui a été chargé précédemment
d'une entreprise à-peu-près pareille, mais qui s'est conduit
de manière à en ôter l'envie aux plus entêtés, qui ne fait plus
rien depuis cet instant, qui auroit dû, selon Farcy, aller
habiter les mêmes lieux que Ermand, où il a d'ailleurs des
possessions : ce personnage est visiblement M. Broglie,
chargé, l'année dernière, du commandement des troupes
contre Versailles et Paris, mais qui a mal réussi dans son ex-
pédition ; M. Broglie, originaire des états de Savoie, où il

(1) Art. 146.
(2) Art. 156.

conserve des possessions, et qu'habite actuellement M. Charles-Philippe, frère du roi (ci-devant comte d'Artois), désigné, dans la conversation, sous le nom d'*Ermand*.

On pourroit désigner quelle étoit *probablement* la personne désignée sous le nom de *Hardiment* ; mais la conjecture sur ce nom étant étrangère au complot indiqué dans cette pièce, on l'omettra.

Il resteroit à répondre à une dernière question que l'on pourra faire : d'où le comité tient-il ces pièces ? Mais le comité ne croit pas être obligé de s'expliquer là-dessus. Il suffit que les pièces soient authentiques, écrites en entier de la main de M. Bonne-Savardin ; et il n'en disconvient pas.

Observons seulement que cette preuve n'est pas la seule qu'administrera le comité contre M. Saint-Priest ; il est des témoins qu'il produira en temps et lieux

Lettre de M. Bonne-Savardin à M. Maillebois.

MON GÉNÉRAL,

JE ne me doutois guère que l'on s'occupât de moi à l'hôtel-de-ville de Paris, lorsque j'ai reçu avant-hier au soir une lettre du comité des recherches, pour me rendre hier, avant midi, ou après six heures du soir. J'y suis allé en effet, et par la quantité, la minutie des questions que l'on m'a faites, il m'a été facile de juger que je leur avois été dénoncé pour avoir été aide-de-camp de M. le ** (1). Il ne m'a pas fallu un

_____

(1) M. Bonne-Savardin avoit en effet cette idée, et il paroît qu'elle lui est restée, malgré tout ce que nous avons pu

conseil pour me tirer de là. Ces Messieurs m'ont rendu la tâche si facile, que je n'ai eu que des remercimens à leur faire de m'avoir mis en mesure de les désabuser de l'opinion qu'on avoit pu leur donner.

J'avois passé toute la matinée au palais, où j'ai gagné mon affaire. La célérité du jugement me vient sans doute de la démarche que vous avez bien voulu faire, et je vous renouvelle, mon général, mes remercimens.

J'ai vu, TRÈS-LONGUEMENT, hier, Farcy, dont la conversation exige des détails peu pressés (1), *et que je vous ferai personnellement* (2).

La dénonciation dont on parloit tant, on dit que c'est par ce qu'il y a un très-grand nombre de personnes qui devoient y être comprises : j'ai ouï nommer M. le duc d'Aiguillon et M. de la Clos.

M. de la Fayette a été averti que les ennemis du projet de M. Necker, et sur-tout de la caisse

---

lui dire, que nous ignorions jusqu'à sa qualité de ci-devant aide-de-camp du maréchal de Broglie. Voyez au surplus, sur cette conférence de M. Bonne-Savardin avec le comité, l'art. 171 de l'interrogatoire.

(1) *Peu pressés* en effet, puisque, suivant la conversation, l'exécution des projets étoit différée jusqu'au printems.

(2) Il paroît, par ces derniers mots, que M. Bonne-Savardin se proposoit de rendre compte, en personne, de la conversation à M. Maillebois ; mais que n'ayant pas pu aller à Thury aussi-tôt qu'il l'auroit voulu, il a préféré de lui écrire.

d'escompte, toujours pour empêcher l'utile établissement de la banque nationale, avoient fait le projet d'enlever les fonds qui sont à la caisse d'escompte, et de mettre le feu dans tout le quartier. Mais les gardes renforcés, les patrouilles successives et nombreuses, des échelles, des crocs, des paniers, des pompiers, un attirail immense a été déposé dans des magasins environnans, et il est impossible que ces malfaiteurs puissent suivre leur affreux complot. Vous sentez que c'est au ministre des finances que l'on en vouloit ; et la chose, si elle avoit eu lieu, n'alloit à rien moins qu'à culbuter la caisse projettée, voler la caisse existante, decevoir le ministre dans ses sages moyens, et même renverser sa personne du gradin honorable où l'ont placé ses talens et l'amour de la nation. La sagesse du général a tout prévu et tout prévenu.

Quant au voyage dont vous me parlez, vous savez, mon général, qu'il me sera toujours agréable de rendre mes hommages à Madame de C. **, et que je suis bien, lorsque je suis à portée de vous assurer à tous momens du respectueux attachement avec lequel j'ai l'honneur d'être,

MON GÉNÉRAL,

Votre très-humble et très-
obéissant serviteur,

Le Chevalier DE BONNE.

Du 6 décembre.

Récit fait par M. Bonne - Savardin,
de sa conversation avec Farcy.

Incertain du motif ou des soupçons que l'on
avoit conçus contre moi, puisque l'on me man-
doit au comité des recherches, je crus qu'il étoit
prudent d'en prévenir Farcy. J'y fus, et eus
avec lui une conversation que je crois intéressante à mettre sous vos yeux.

Quand, lui dis-je, cela finira-t-il ? — *Il faudra bien qu'il y ait un terme,* me dit-il; et si cette
espérance ne nous soutenoit, il faudroit mettre
la clef sous les portes, et attendre l'instant d'être
égorgés. — Mais prévoyez - vous ce terme ?
— *Le printemps,* puisque c'est cette époque
que le roi a choisie pour aller visiter les provinces. — Mais ne craignez-vous pas que *toute
cette milice n'y mette des entraves ?* qu'elle ne
veuille *vous suivre,* et *rendre vos projets sans
effets ?* — Hé bien, si elle est tentée de suivre,
nous la laisserons faire ; et quand une fois nous
aurons le cul sur la selle, nous verrons. — Oui,
lui dis-je, je conçois qu'alors il y auroit *des
moyens, si vous aviez des troupes : mais où en trou-
verez-vous ?* — Il ne répondit pas. — Comment *vous débarrasserez-vous de Betville ?* Son ambition est vaste, et il est en mesure. — Eh! le
pauvre diable, a-t-il repris, est plus embarrassé
que nous. — On parle de ses projets ; qu'il veut
être connétable. — Et moi, dit-il, je crois qu'il
veut être ce qu'il pourra, jusqu'à ce que la constitution

titution soit faite, et qu'alors il plantera là toute cette multitude. — Mais, Monsieur, il ne la plantera là, que pour mettre quelque chose à la place; son activité et son ambition ne lui permettront ni d'être sans rien faire, ni de ne pas faire quelque chose d'utile. — Quand nous n'aurons que lui, les moyens ne nous manqueront pas. — Oui, lui dis-je, ils ne vous manqueront pas; mais *vous manquerez de général, si vous ne vous attachez Adrien.* — Ah! je suis en ce moment bien en mesure d'une pareille besogne, et sûr de triompher des obstacles. — Des obstacles, Monsieur! il n'y en a point; il ne peut y en avoir. Personne en France ne lui disputera en talens, en fertilité de ressources, en moyens de conciliation; et je crois qu'il y a long-temps que l'on auroit dû faire les sacrifices les plus considérables, si sa position les eût exigés. — Vous prêchez un converti, je le connois : mais cela n'est pas dans ma mesure. *Au reste, je ne dis pas que cela ne soit pas.* — Mais, si malheureusement il en étoit autrement, *prendriez-vous M. de Culand ?* Quelle folie, me répondit-il! Il s'est conduit d'une manière à en ôter l'envie aux plus entêtés. J'ai voulu prendre son parti, et nous nous sommes long-temps débattus. Enfin, a-t-il repris, que fait-il depuis cet instant ? Pourquoi est-il où il s'est porté ? Qu'en espère-t-il ? Avec de l'énergie, une tête, il seroit allé habiter les mêmes lieux que Hermand; là, il auroit été convenablement, puisqu'il y a des possessions. Mais la tête n'y est plus. Adieu.

s

Quand vous aurez été à la ville, venez me dire
ce qui se sera passé.

(Suit l'exposé de l'entrevue à l'hôtel-de-ville ;
après quoi le narrateur continue ainsi) :

Je fus le dimanche matin faire part à Farcy
de tout ce qui s'étoit passé ; il en fut indigné.
Hardiment étoit chez lui ; on dit que, prévoyant
sa chûte prochaine, il s'arrange pour avoir la
bibliothèque du roi en retraite.

Nº. 8.

LIVRE de raison de M. Bonne-Savardin.

Observation préliminaire.

IL n'est pas ordinaire que les conspirateurs tiennent registre
de leur conduite ; mais cela arrive quelquefois, et l'on en
voit ici la preuve. On a trouvé dans la vache de M. Bonne-
Savardin, en la visitant, lors de son arrestation, un livre de
raison, *in-folio*, écrit en entier de sa main, qui commence
au premier janvier 1788, et continue jusqu'au 11 avril dernier inclusivement. Ce livre contient, jour par jour, un
détail exact, non-seulement des affaires pécuniaires de M.
Bonne-Savardin, c'est-à-dire, de ses recettes et dépenses,
mais généralement de toutes ses démarches, même les plus
indifférentes, de toutes ses visites actives et passives, de

toutes les personnes qu'il a vues , de tous les endroits où il a dîné , où il a soupé, etc.; en sorte que, pendant cet espace, nous avons , pour ainsi-dire , le tableau fidèle et complet de sa vie , tracé par lui-même. On sent de quel usage peut être un pareil registre , pour éclairer la conduite de celui qui en est l'objet ; et déjà l'on en a fait l'épreuve , lorsqu'il a fallu reconnoître quel étoit l'individu désigné par M. Bonne-Savardin sous le nom de Farcy.

Il n'est pas question d'imprimer ce registre entier ; le volume seroit immense : il suffit d'en extraire ce qui a un trait plus direct à la dénonciation.

5 décembre 1789.

Déjeûné au palais avec M. Hocquet (1).

Allé chez M. le comte de Saint-Priest.

Allé le matin au palais, où M. l'abbé de Constances m'a appris qu'il venoit de juger mon procès , et que je l'avois gagné.

Pour une cocarde.

Fiacre pour aller chez Madame Delorme, où j'ai dîné.

Allé au comité des recherches , où j'avois été appellé. On m'y a fait plusieurs questions sur les travaux que l'on avoit faits , m'ont dit ces MM., à la bastille, et sur le projet que l'on avoit d'incendier Paris , sur la quantité de canons que l'on avoit. Mes réponses n'ont point été difficiles , etc.

6. Déjeûné chez moi avec Mad. Arnault, M. Delorme , son frère, et M. Muguet, qui est venu déjeûner ensuite.

Fiacre pour aller chez M. de Puiségur, M. de Saint-Priest, etc.

Venir chez madame Muguet.

_____

(1) On a supprimé les chiffres en marge, comme inutiles.

Dîné et soupé chez madame Muguet.

9 février 1790.

Parti pour Thury avec les chevaux de M. le comte de Maillebois, qui m'ont conduit jusqu'à Beaumont ; le cocher les
avoit amenés la veille à l'écurie de M. Thiboudot ; et Blaquais
et lui ont couché chez moi.

Pris la poste à Beaumont, et arrivé pour dîner à Thury.

10. Resté à Thury.

Acheté un petit chevreuil (1).

Donné au laquais de M. Cassini, qui m'a coeffé.

14. Parti à quatre heures et demie du matin, avec mademoiselle de Saint-Hilaire. Les chevaux de M. de Maillebois
nous ont conduit jusqu'à Noailles. Donné au cocher.

Arrivé à Paris pour dîner chez Madame Arnaud.

Entrée du petit chevreuil.

Fiacre pour aller chez madame l'ambassadrice de Sardaigne, chez laquelle j'ai fait remettre un chevreuil.

Déjeûné chez madame de Cordon.

15. Fiacre pour aller chez l'ambassadeur de Sardaigne,
MM. de Chaucourt, Tavernier, Moulin, et madame de
Saint-Priest.

16. Fiacre pour aller chez M. Moulin, agent de Monsieur.

17. Fiacre pour aller chez le marquis de Cordon, chez
MM. Grand et Gauthier, banquiers.

Pour un livre de poste.

19. Donné à la cuisinière de M. de Bussy, qui m'a apporté,
pour des billets, 1600 liv.

_____

(1) Voyez ci-après, journée du 14.

20. Dîné chez M. l'ambassadeur de Sardaigne.

21. Payé pour les chevaux de poste.

Dîné à Thury.

Frais de route jusqu'à Thury, depuis Paris.

22. Resté à Thury.

Donné à Gabriel.

A François.

Dîné à Thury.

23. Parti de Thury avec les chevaux de M. de Maillebois.

Donné à Ferdinand, cocher.

Frais de route jusqu'à Fontenay.

24. Couché à Fontenay.

De Fontenay jusqu'à Bar-sur-Seine.

Route jusqu'à Baune.

25. Couché à Baune.

De Baune à Lyon.

26. Couché à Lyon, et autres frais.

De Lyon au Pont.

Raccommodage de voitures, cordes, etc. au Pont.

Du Pont aux Echelles.

Excédent dont je ne puis me rendre compte.

Dépenses de Thury aux Echelles, dont partie des détails est ci-dessus.

Plus, de Paris à Thury.

27. Arrivé aux Echelles le soir.

28. Resté aux Echelles.

1er. mars 1789.

Resté aux Echelles.

2. Couché à Chambéry chez Mlle. Perrin.

3. Couché à Aiguebelle.

4. Dîné à Saint-Jean de Morienne.

5. Couché à Lans-le-Bourg.

6. Passé le Mont-Cénis par le plus beau temps possible: Dîné à la Novalèse.

Couché à Saint-Michel.

7. Dîné à Turin, à l'hôtel de la Bonne-Femme.

8. Dîné chez M. le baron de Choiseul, ambassadeur de France.

9. Dîné à l'hôtel, et présenté chez madame Vinay.

10. Présenté à M. le comte d'Artois.

12. Présenté à sa majesté.

13. Présenté à S. A. S. monseigneur le prince de Condé, par M. le marquis du Cayla.

14. Présenté au prince, à la princesse de Piémont, à monseigneur le duc d'Aoste, messeigneurs le duc de Monferrat, duc de Génevois et comte de Maurienne; après midi, à monseigneur le duc de Chablais.

15. Le soir, présenté au Casin (1) par M. le chevalier Frésia, major des dragons du roi, sur la lettre ministérielle de M. le comte d'Hauteville (2); dîné à l'hôtel avec le docteur Giraud et le chevalier Vinay.

16. Présenté à madame la duchesse d'Aoste et à madame la duchesse de Chablais.

17. Présenté à Madame la comtesse d'Artois.

18. Allé au Casin.

19. Dîné chez madame Vinay.

20.

(1) Le *Casin* est une espèce de club.
(2) Ministre du roi de Sardaigne au département des affaires étrangères.

21. Dîné chez M. le baron de Choiseul, ambass. de France.

22. Dîné chez Madame Vinay.

23. Parti de Turin, dîné à la Novalèse.

24. Passé le Mont-Cénis, qui n'avoit pas été praticable depuis trois jours, par la quantité de neige qui étoit tombée.

Soupé à Lans-le-Bourg.

25. Soupé à la Chambre.

26. Soupé et couché à Chambéry, chez Mlle Perrin.

27. Dîné et couché aux Echelles.

28. Couché à Grenoble, chez M. Gagnon.

Mangé du lait à la campagne, chez M. Gagnon. J'y ai trouvé M. Drevon et son beau-frère, M. Didier, avocat.

Parti à dix heures de Grenoble ; mangé du lait à la campagne de M. Gagnon.

Couché à Lyon, à l'hôtel du Palais-Royal.

30. Vu, en passant à Mâcon, M. et madame Demure.
Couché à Châlons-sur-Saône.

31. Couché à Auxerre.

1er. *avril.*

Couché à Paris.

2. Dîné chez madame Muguet, et couché.

3. Parti à cinq heures du matin.
Couché à Bon-Avis.

4. Arrivé à Bruxelles, à l'Hôtel-Rouge, chez Tevenard.

5—6. Donné à dîner à M. de Beauvoir, et venu coucher à Malines.

7. Couché à Breda.

8. Allé à la Haie coucher chez M. de M. (1); allé avec lui

_____

(1) M. de Maillebois.

chez M. le chevalier de Revel, auquel j'ai écrit un billet.

9. Revenu à Breda avec M. le comte de M. (1).

10.

11. Ecrit à M. de Revel, et envoi d'un mémoire (2).

Autre relevé, pris à différentes époques.

Août 1789.

19. Allé chez M. l'ambassadeur de Sardaigne, *et causé sur les circonstances.*

23. Diné chez M. le marquis de Cordon, ambassadeur de Sardaigne.

24. Diné chez M. le comte de Saint-Priest, ministre de la maison du roi.

Octobre.

13. Fiacre pour aller chez l'ambassadeur de Sardaigne.

15. Diné chez M. le comte de Maillebois.

17. Pris du chocolat avec le marquis de Cordon, ambassadeur de Sardaigne.

Novembre.

7. Fiacres pour aller chez M. l'ambassadeur de Sardaigne, et revenir de chez madame de Saint-Priest.

Diné chez M. le comte de Maillebois.

13. Fiacre pour aller chez M. le comte de Maillebois.

14. Fiacres pour le matin aller deux fois chez M. le marquis de Cordon.

15. Diné chez M. le comte de Maillebois.

---

(1) M. le comte de Maillebois.

(2) C'est un mémoire fait pour être montré à ceux qui demanderoient ce que c'étoit que son affaire : il en a été parlé ci-dessus.

Soupé

Soupé chez madame la marquise de Cassini.

20. Fiacre pour aller chez M. le comte de Maillebois.
Dîné chez madame la marquise de Cassini.

21. Fiacre pour aller chez M. Pison du Galand, M. l'ambassadeur de Sardaigne, et revenir de chez madame de Saint-Priest.

22. Dîné chez M. le comte de Maillebois.

23. Allé chez M. le comte de Maillebois, avec M. Pison du Galand.

Janvier 1790.

8. Fiacre pour aller chez M. le comte de Maillebois.

9. Dîné chez M. le comte de Maillebois.
Fiacre pour revenir de chez M. l'ambassadeur de Sardaigne.

10. Fiacre pour aller et revenir de chez M. le comte de

14. Fiacre pour aller chez M. le comte de Maillebois.
Maillebois.
Dîné chez M. l'ambassadeur de Sardaigne.

20. Fiacre pour venir de chez madame l'ambassadrice de Sardaigne chez madame de Champalier.

21. Fiacre pour revenir de chez M. le comte de Maillebois.

29. Fiacre pour aller chez M. le comte de Maillebois, et dîner chez madame Delorme.

30. Fiacres divers, pour aller chez M. le comte de Maillebois, M. l'ambassadeur de Sardaigne, etc.

31. Fiacres pour aller chez M. de Maillebois, etc.

Février.

4. Fiacre pour aller et revenir de chez M. le comte de Maillebois.

t

Allé chez madame l'ambassadrice de Sardaigne.

Frais divers pour aller chez l'ambassadeur de Sardaigne, le comte de Saint-Priest, etc.

EXTRAIT du chapitre intitulé : *affaires particulières.*

Le 3 *février.* — J'ai endossé un billet à ordre de M. de Saint-Maurice, passé à M. le comte de Maillebois, au profit de Moulin, payable le 5 juillet, et ai reçu 1800 liv. (1). Le billet est de 2600 liv.

----

(1) Ce sont ces 1800 liv. qui ont fourni à la dépense du voyage de Turin.

N°. 9.

Six passe-ports délivrés à M. Bonne-Savardin.

LE premier, par les représentans de la commune de Paris, *à M. le chevalier de Bonne,* accompagné de son domestique, pour aller à Clermont en Beauvoisis, daté du 8 octobre 1789, et rafraichi le 28 dudit mois.

Le second, par le comte de Hauteville, ministre du roi de Sardaigne au département des affaires étrangères, *à M. le chevalier de Bonne, sujet de S. M. (Sarde), et officier au service de France, qui y retourne :* ledit passe-port donné à Turin le 22 mars 1790.

Le troisième, par M. le comte de Durfort, commandant en second dans la province du Dauphiné, *à M. le chevalier de Bonne, lieutenant-colonel dans l'état-major de l'armée* (1), *chevalier de Saint-Louis,* allant à Paris : ce passe-port donné à Grénoble le 28 dudit mois de mars 1790.

Le quatrième, par M. le marquis de Cordon, ambassadeur du roi de Sardaigne, donné en son hôtel, à Paris, le premier avril 1790, *à M. le chevalier de Savardin, sujet du roi de Sardaigne, allant dans sa patrie, avec son domestique.* — Au bas est le *vu passer* de l'officier de la garde na-

_____

(1) M. Bonne-Savardin n'a point cette qualité ; il prétend qu'elle lui a été donnée par un de ses parens, M. Gagnon ; qui alla chercher le passe-port. (Voyez son interrogatoire, art. 136.)

tionale du Pont de Beauvoisin, daté du 30 avril
1790, et signé Ollien, qui n'a point servi, M.
Bonne-Savardin ayant été arrêté le moment
d'après.

Le cinquième, à Malines, le 16 avril 1790,
par le général-major, baron de Kleinenberg, *à M. le*
chevalier de Bonne-Savardin, lieutenant-colonel (1),
et chevalier de Saint-Louis, le connoissant particu-
lièrement ; bon pour jusqu'à nouvel ordre.

Le sixième, donné aussi à Malines le 21 du
même mois, par M. Rarnebrodes, commandant
de la place, *à M. Savardin, venant de Brabant,*
allant en France ; bon pour quinze jours.

Deux permissions pour courir la poste.

La première, donnée *à M. le chevalier de Bonne,*
à Grenoble le 29 mars 1790, par ordre du commandant ; signé, Teysseyrre Rochefleix.

La seconde, donnée au même, sous le nom
de *marquis de Saint-Marc,* datée de Paris 27
avril 1790, et signée d'Ogny, pour la route de
Paris à *Auxerre ;* c'est celle déchirée par M. Bonne-
Savardin, lors de la visite de ses papiers (Voyez
ci-dessus le procès-verbal de Pont-Beauvoisin,
voyez aussi l'interrogatoire, art. 12, 13, 14, et 15).

_____

(1) Il prétend être lieutenant-colonel au service de Hollande.

N.º 10.

Deux routes.

L'UNE de Paris à Lyon, l'autre de Paris aux
Echelles, avec le calcul du nombre et des frais
de la poste; elles sont écrites de la main de
M. Massot, lors secrétaire de M. Maillebois, et
M. Bonne-Savardin reconnoît que c'est avec
M. Maillebois qu'elles ont été calculées. (Voyez,
interrogatoires, art 117).

Note gardée par M. Bonne-Savardin, des lettres par
lui écrites à M. Maillebois, pendant son séjour à
Turin.

Turin, *courier du 12 mars.*

Annonce que deux couriers venans de Cons-
tantinople, passant à Venise pour aller en Espagne, ont annoncé l'alliance entre la Prusse,
la Pologne, la Suede, l'Angleterre, la Hollande, et la Porte, contre la Russie et Vienne;
ces deux puissances garantissent à la Porte la
restitution de toutes les conquêtes, même de
la Crimée. On craint que la Russie n'entraîne le
grand duc à résister à la confédération.

Ecrit le 17.

Ecrit le 24 ou 25 de la Novalèse.

Cartes des personnes qui se sont présentées chez
M. Bonne-Savardin, pour lui rendre visite pen-
dant son séjour à Turin.

Elles sont en assez grand nombre, et en voici
le relevé.

Le commandant de Turin, *deux cartes.*

Le comte Solar de Monastérols.

M. de la Bastide.

Le comte d'Envie.

Le chevalier de Frésia , *quatre cartes.*

Le marquis d'Autichamp.

Le marquis de Coudrée , *deux cartes.*

Le comte de Balbian , *quatre cartes.*

Le chevalier de Perron , et son fils ; *deux cartes.*

Le comte de Bonport.

Le comte de Broglie , *trois cartes.*

Le chevalier Obert Balbian , *deux cartes.*

Le prince d'Hénin , pour M. l'abbé de Bonne.

Le même , pour M. le chevalier de Bonne.

Il. P. D. Gaëtano Giusana , ex generale Dei PP. Teatini.

M. De Belleville , pour MM. de Bonne.

L'abbé Trotté de Bosse , pour MM. de Bonne, frères.

Présentation.

A LL. AA. RR. Messeigneurs les ducs de Genevois et comte de Maurienne.

De M. le chevalier de Bonne , *lieutenant-colonel* AU SERVICE DE FRANCE (1) , et M. l'abbé de Bonne , son frère , grand-vicaire de la diocèse de Saint-Flour , sujet du roi.

Par eux-mêmes (2).

---

(1) M. Bonne-Savardin prétend que cette addition n'est pas de son fait. *Interrogat. art. 136.*

(2) M. Bonne-Savardin nous a dit, lors de ses interrogatoires, que c'étoit un privilège des sujets du roi de Sardaigne, de lui être présentés sans introducteur.

Pour dimanche, 14 du courant.

C'est la copie d'un billet en partie imprimé, trouvé dans les papiers de M. Bonne-Savardin).

Errata du Rapport.

Page 15, ligne 16, de M. la Chastre (3) on trouve une lettre; *lisez*, on trouve une lettre de M. la Chastre.

Page 24, ligne 19, qu'il s'agit; *lisez*, dont il s'agit.

De l'Imprimerie du PATRIOTE FRANÇOIS, Place du Théâtre Italien.